Sustainable Development Goals

SDGs時代の
社会貢献活動

一人ひとりができることとは

前林清和・中村浩也
編著

木村佐枝子・舩木伸江・江田英里香
田中綾子・柴田真裕・前林明日香
著

昭和堂

プロローグ

　歴史を紐解くと、人間はどのような環境のなかでも生きてきた。その環境というのは自然環境に留まらず生活環境や政治、社会も含めてである。独裁国家でも、奴隷制度に縛られた社会でも、人間は生き延びてきたのである。しかし、私たち人間はただ生きればよいということではない。できることなら、冷酷な社会より温かみのある社会、貧しい生活より豊かな生活のなかで生きたい。それを決めるのは、私たち市民の意志、選択の問題であり、私たち一人ひとりがこれからの世界や社会をどのように形成していくかということにかかっている。つまり、他人ごとではないということである。

　2015年、国連が、世界が、これからの世の中のあり方の目標を "Sustainable Development Goals" というように決めた。「持続可能な開発」を進めることによって全ての人々が人間としての尊厳を持って豊かで持続可能な社会を実現させていこうというのである。持続可能を実現させようと思うと、人間が生きていけるクリーンな自然環境を心がけ、生物多様性を維持し続けること、人と人が争わないこと、災害を最小限に押さえること、お互いがリスペクトしあうことなど様々な課題を克服していかなければならない。

　一方、それとは裏腹に世界はいまカオスのなかにある。自然環境は破壊され続け、多くの生物が絶滅し、世界各地でテロや紛争が多発し、災害が相次いでいる。政治に目を向けるとアメリカの民主主義が揺れ、EU が分裂の危機を帯び、中国が自国主義を振りかざしなりふり構わず世界各地を席巻しようとしている。その最中、新型コロナウイルスによるパンデミックが世界に追い打ちをかけている。世界には、その他にもあげれば数えきれないほどの問題が山積みである。

　しかし、カオスのなかからしかコスモスは生まれない。ということは、このカオスの時代だからこそ、新たなコスモスを生み出すチャンスなのである。私たち人間の意志で選択し、決定した SDGs を実現させていく契機なのだ。

　この壮大な私たちの意志である SDGs の17のゴールをスローガンで終わらせないためには、私たち一人ひとりが「私」という存在はプライベートな存在であるとともにオフィシャルな存在であることを自覚しなければならない。つまり、社会や国を構成し運営していく市民としての自覚をもって、自分のため、と同時に他人や社会のため、という生き方をしなければならないのである。

全ての人がそれぞれの立場において社会に貢献しようという意志とそれにともなう具体的な行動を起こすことが最も大切なのである。

　本書は、SDGsという当面の世界規模の目標を理解し、その実現に向かって社会貢献活動をする意義を論じたうえで、わが国で行われている社会貢献活動の事例から考えようとした。

　読者の皆様が、本書をきっかけにSDGsに関心を持ち、社会貢献活動を自分ごととして捉え、実践されるようになれば幸いである。

2021年1月

編者（文責：前林）

目　次

第 1 部
SDGs と社会貢献

1. 社会貢献の思想

1. 社会貢献とは

　社会貢献とは、個人や組織が、社会のために役立つことをすることである。もう少し詳しく言えば、地域や国、あるいは世界など様々あるが、そこに存在する個人や組織がより良くなるように支援したり、協働したりすることが社会貢献である。したがって、社会貢献は、ある程度の公共性が前提となる。

　社会貢献の概念は、広い。なぜならば、社会の営みの多くは個人や社会が意識するにせよ、意識しないにせよ、お互いが社会に貢献することで成り立っているからである。

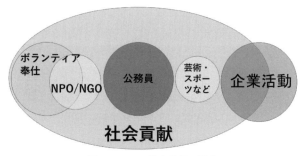

図1-1-1　社会貢献の概念

　図に基づいて説明しよう。まず、社会貢献の概念には、「ボランティア・奉仕」、「NPO/NGO」、「公務員」、「芸術・スポーツなど」、「企業活動」があげられる。はじめに、「ボランティア・奉仕」であるが、ボランティアはあとで詳しく述べるが主体的に本人や組織の意志に基づいて行う社会貢献の活動であり、奉仕は必ずしも主体的とは限らず組織からの強制という場合もあるがともに無償を原則とする個人または団体である。次に、「NPO/NGO」はボランティアも含む主体的な活動団体であり非営利活動であるが、有償の場合も多い。「公務員」は、もちろん国民のために奉仕することが仕事であり、活動内容そのものが社会貢献であるが具体的な活動内容については個人の意志よりも組織としての活動となる。次に、「芸術・スポーツなど」であるが、一流の芸術家の絵や写真を見たり、音楽を聴いたりすることで私たちは心を癒されたり、勇気づけられたりする。また、プロスポーツ選手のプレイや技術を目の当たりにして感動を覚えることもあればスポーツ選手による被災地での励ましが心の支えとなる。つまり、芸術やスポーツは私たちの心を豊かにしてくれるのであり、その社会貢献的な意義は大きい。さらに、「企業活動」も社会貢献活動として捉えることが

できる。詳しくは後で述べるが、企業のCSRの一環としての社会貢献活動はもとより、企業の営利活動そのものも、それが健全であれば結果として社会貢献活動となるのである。

　また、社会貢献は、ボランティアや消防などのように社会に貢献することを目的とした直接的な活動と企業の営利活動や芸術・スポーツのようにその営みが結果として社会貢献につながる間接的な活動があると言えよう。

　このようにみてくると、社会貢献という概念は非常に広く、人間が行う活動の多くが社会貢献につながっているということができる。

　それでは私たちは、社会貢献活動を通してどのような社会を目指そうとしているのだろうか。

　これは必ずしも限定されたものではない。歴史を振り返ると、人間はどのような社会でも生きてこられた。それが人々にとって良いか、悪いかは別として、今も独裁主義の国で生きている人々はたくさんいる。専制国家、独裁国家、封建国家、社会主義国家、共産主義国家、民主主義国家、いろいろな体制があるが、最も重要なことは、私たちがどのような社会で生きたいかということである。冷たい社会か暖かい社会か、不自由な社会か自由な社会か、人権が尊重された社会か人権が無視された社会か、これらは全て私たちの選択にかかっているのだ。

　私たち日本人は、日本国という民主主義の社会で生きている。したがって、法律の範囲内で自由と安全を享受しつつ生きている。もちろん、民主主義が最高の社会かどうかは分からないが、現時点では民主主義という政治システムのなかでこそ、多くの人々が人間の尊厳を持って生きられる可能性が高い社会と考えられる。

　したがって、本書では民主主義の社会のなかで、お互いが人権を尊重し、自由に生きられ、個人がそれなりに豊かで、お互いが助け合うような社会を構築していくためには、社会のあり方や人間の心の持ち方などをどのように考えていけばいいのかを論じていきたい。また、社会貢献は、その哲学に基づきつつも、実践が伴わなければ何ら意味のない空虚な言葉である。社会貢献の実践研究を取り上げることで、実践の意義と課題についても検討していきたいと考える。

2．公共と社会貢献

　「公共」とは個人の実現する価値とは違って、社会的に共通に実現していくべき価値である。しかし、最初から社会全体のため、国家のために個人を意図的に無視し、犠牲にするということではない。個人の利益と社会の利益を考えて、どちらが合理的に有益であるかを選択して、社会の利益が合理的に有益であると判断された時に公共が成り立つのである。

　この公共意識は、市民意識に根差している。市民意識とは、リンカーンの「人民の

人民による人民のための政治」が象徴する民主主義の根幹である私たち市民が持つべき意識である。つまり、私たちは国や地域コミュニティといった共同体の一員であり、個人としての主体的、合理的な態度を持つ権利を有しており自由を享受しているが、一方公共の利益のために自ら参加する義務や外部からの攻撃に対して地域や国を守るために戦うという姿勢を持つという意識である。

　この市民意識の発祥はヨーロッパであり、古代ギリシャのポリスに始まる。市民意識とは、生産は奴隷に行わせ参政権や不動産所有権を持つことのできる特権としての市民権を有する成人男性が持つべき意識であり、それはポリスを守るという義務とその誇りでもあった。民主制もその特権を持った市民における民主主義だったのである。

　中世都市共同体においては、個人が主体的・合理的な態度を持ち、権利と義務を自覚し、自治と連帯を志向し、その生活を脅かす者には抵抗し戦う姿勢をとることにつながっていった。ここでも市民は一部の商工業者たちの勝ち得た身分であった。それがヨーロッパの近代社会の精神的骨格として受け継がれ、17世紀半ばのイギリス革命、18世紀後半のフランス革命を経験しつつ、現代の市民意識が確立しているのである。つまり、ヨーロッパの市民意識は、市民としての身分を得られるという特権とそれに対する誇り、それを守るための義務が前提にある。

　そして、近代以降、近代的自我の確立とともに、個人の意思や自由、権利を主張するようになり、市民の自覚として、あるいは市民の概念として成立した。このような流れのなか、市民意識とは古くからある「公共」と近代以降に組み込まれた「私」が重層的に重なり合ったものである。したがって、現代でも、公共のために活動し、いざという時は戦うということも辞さない精神性がある。自分たちが作ったコミュニティや国家は命をかけて守るという自覚があるのである。つまり、自分たちの国家における権利と義務が明確化されているのが市民とも言える。

　「公共のために」という意識は、アメリカにおいて非常に発達している。なぜならば、約400年前にピューリタン（清教徒）が、メイフラワー号でイギリスから新天地アメリカ東部のマサチューセッツ州に移り住んだ。それから西に、南に勢力を広げていき、広大な土地を幌馬車に乗って牛を連れて、原住民のインディアンと闘いながら勢力範囲を広げていった。これがフロンティア精神である。そして、イギリスから自由を求めてきた人、ヨーロッパからやってきた人たちが次々と西部に向かって開拓を進め、いくつもの拠点でいわゆる小さな町ができた。しかし、当時、それらの町は大して何もしてくれない、いやできないのである。当時のアメリカでは中央政府ははるか遠方の東海岸にあり、近くには福祉や教育といった行政サービスを提供してくれるまともな役所や公的機関がなかったのである。といって、自分のことだけ考えて、自分ひとりで何かをしようとしても限界がある。したがって、例えば福祉とか教育につ

いて、自分たちで、地域の人々が力を合わせてやるしかない。それを行うために、早い段階から非営利の民間組織ができたのである。「自分たちの命は自分たちで守る」、「自分たちの福祉は自分たちでしないといけない」、「自分たちの子どもの教育は地域で面倒みなければいけない」というように「私」を超えて、「私たち」意識が高まり、それが公共性につながっていったのである。

この公共という意識は、わが国では、「市民」と同じように、あまり意識もされておらず、「公共」というと政治とか行政、もっと身近に言えば市役所の職員が担当している仕事というイメージしか持たないであろう。わが国では公共性を維持するのは役所、「お上」という意識が昔からある。したがって、市民と言った場合、それは私的な利益を追求したり、役所に対して反対したりクレームをつけたりという側面が強調されすぎてきたように思われる。また、公共を意識したら国や行政との対立関係として捉えるという、いわば未成熟な関係が生じてしまっている。

公共の場において、公共の人として、つまり市民としての生き方を確立し、社会を自分たち市民が作っていくという自覚が重要である。わが国では、社会貢献活動やボランティア活動は根付かないとよく言われるが、その1つの理由が、「市民意識の薄さ」、「公共性の欠如」にあるとされる。実際、市民としての意識、公共の意識は、いまだに低いと言わざるを得ない。

市民の本来の意味は、公共性の形成に主体的・自発的に参加するということで、市民としての私が公共のために自発的に関わり活動するということである。

さらに、もう少し現実的なことを言えば、すでに行政サービスの限界が見え始めており、これからの社会は行政が公益事業の全てをカバーできなくなる。つまり、政府が小さくなると、行政により実現する公益事業は少なくなる。例えば、老人介護も行政サービスだけではまかないきれなくなるのは歴然としている。これを補うのがまさにNPOやボランティアといった社会貢献活動である。補うというより、より積極的に市民が社会貢献活動を通じて公共を自発的に形成していくことが、地域コミュニティの形成やそれに根ざした国際交流、協力活動の盛んな社会を作っていくことになる。なぜならば、行政では手が届かない、人と人のつながりや多様なネットワークの形成、顔が向き合ったきめ細かなケアなどの積み重ねが、現在忘れ去られようとしている地域コミュニティの再構築と未だ遠い存在である国際交流・協力活動への架け橋となると考えられるからである。

21世紀において市民社会を発展させていくためには、公共性に基づいた社会貢献活動は不可欠な存在である。個人の確立と公共性の形成、つまり主体性と社会性を兼ね備えた市民による成熟した社会を実現させることが、住み心地の良い社会を後生に残すことになるのである。

3．企業と社会貢献

　企業とは、営利を目的として経済活動を行う組織体であり、社会貢献とは縁のない組織だと思われがちである。しかし、近年、このような考えでは、企業として立ちいかなくなってきており、そのあり方が問われるようになってきた。

　そのようななかで、わが国においては1990年頃から、企業が、メセナやフィランソロピーと呼ばれる社会貢献活動を活発に行ってきた。もちろん、それまでも大企業の経営者には篤志家がいて、私財を投じて社会の窮状を救うために、あるいは社会の発展を願って活動し後世に名を残した人もいた。ただ、それはあくまで個人的な活動であった。企業が組織として社会貢献を行い、それを企業の内外にピーアールするようになったのは、1990年以降のことである。

①　CSR

　今は、企業のCSR（Corporate Social Responsibility・企業の社会的責任）が問われる時代である。CSRの考え方は、「企業もまた社会を構成する一部として存在する以上、その社会に対して果たすべき責任を負っている」というものである。具体的には、「コーポレートガバナンス（企業統治）」、「コンプライアンス（法令遵守）」、「ディスクロージャー（情報開示）」、「環境問題への取り組み」、「社会貢献活動」を企業が社会に対して果たすべき「責任」と捉えられている。つまり、企業は、自社の営利追求だけではなく、社会のなかに組み込まれた責任として組織として確立し、法律を守り、透明性を保ち、社会のためにも貢献する存在でなければならないのである。

　この考え方の背景には、EUの動きがある。どういうことかと言えば、近年、EUは「持続可能な開発への企業の貢献」を欧州戦略として打ち出している。つまり、EUは、「持続可能な開発」という目的を達成するための手段として企業に対してCSRを求めているのである。EUがCSRに注目するようになった理由は、これからの世界の危機を予感させる地球環境問題とグローバリゼーションによる社会秩序の不安定化である。そして、この地球環境問題とグローバリゼーションのいずれにも、企業は大きく関わっているのだ。なぜならば、企業が国境を超えて巨大化したため、企業は単に自社の営利の問題を超えて、世界のあり方に対して大きな影響力、時には権力を持つようになったためである。しかも、国家のコントロールも効かなくなっているという現実がある。つまり、私たちがより安全で安定した世界を築くためには、企業のあり方が、今まで以上に重要になってきているのである。そして、それが前提にあってこそ、持続的な発展もあるのだ。

　したがって、企業は、自社の営利だけを追求するのではなく、社会が持続的に発展していくために、どのような貢献をするか、ということを自ら考え、実行していかなければならないのである。まさに、これがCSRであり、持続可能な社会の実現を企

業が担うことで、社会の信頼を得、企業の持続的な発展もかなうのである。この流れが、SDGs の前提としてあるのだ。つまり、SDGs はヨーロッパ主導の政策であり、それ以前から、企業の持続可能性を追求することで SDGs の素地を作ってきたとも言えよう。したがって、ヨーロッパの企業がもっとも SDGs の目標に対して大きな貢献を果たしている。

② SDGs と社会貢献

　CSR としての社会貢献活動は、アメリカでは、一流企業のあるべき姿として捉えられている。わが国においても、経団連は、企業の社会貢献活動を「社会貢献とは、自発的に社会の課題に取り組み、直接の対価を求めることなく、資源や専門能力を投入し、その解決に貢献すること」と規定して、積極的に取り組んでいる。企業における社会貢献活動は、CSR のなかでも社会全体、一般市民に見えやすく、企業の信頼を築くために大きな役割を果たすと考えられる。

　しかし、SDGs によって、企業の社会貢献活動が新たな局面に入ったのである。どういうことかと言えば、SDGs は、MDGs のような国の政策として、あるいは NGO による支援活動を主体として目的を達成しようとしているのではないのである。つまり、企業も今までのように営利とは別に慈善事業として国際協力に関わるというようなことを期待されているのではない。SDGs の壮大な目的を達成するために企業の技術力やビジネスのノウハウやシステムが期待されているのである。つまり、企業が SDGs をビジネスモデルに組み込むことによって目標達成を目指そうというのである。そのことが、企業にとっても新たな市場開拓や事業機会の創出につながり、企業価値が上がり、結果として持続可能な企業として成長していくというメリットがある。

　SDGs の企ては、社会貢献がビジネスとして成立することで、企業と共に開発の速やかな推進と持続性を実現していこうというものなのだ。

〔文献〕
・前林清和『Win-Win の社会を目指して―社会貢献の多面的考察―』晃洋書房　2016年
・前林清和『企業における社会貢献―その哲学と実践―』コンプラス　2013年

２．ボランティアについて

　私たち市民が社会貢献をしようと思えば、もっとも身近な活動がボランティアである。

　それでは、ボランティアとはいったい何なのか。ここでは、わかっているようで、あらためて考えるとわからなくなる「ボランティア」についての基本的な思想を知り、実践することの大切さを学ぶことにする。

１．ボランティアの定義

　ボランティアの定義は様々あるが、1990年のIAVE（ボランティア活動推進国際協議会）総会での世界ボランティア宣言では、ボランティアとは「個人が自発的に決意・選択するものであり、人間の持っている潜在能力や日常生活の質を高め、人間相互の連帯感を高める活動である」と定義している。また、平成３年版の『厚生白書』では、ボランティア活動について、便宜的に「自発的な意思に基づいて他人や社会に貢献する活動」としている。

　ここでは、さしずめ「自発性に基づいた社会事業活動」あるいは、「自発性に基づいて社会事業活動をする人」と捉えておく。

２．ボランティアの要件

　ボランティア活動の要件のうち、全てにほぼ共通する、あるいは上位原理としてあるのが自発性（主体性）、利他性、公共性である。一方、下位原理としてあるのが無償性、創造性（先駆性）、継続性、責任性であり、これらは必ずしも当てはまらないが個々のボランティアの特徴としての要件としてあげられる。

① 上位原理

　まず、自発性があげられる。ボランティアは、自発的に行ったり、参加したりすることが大前提であり、他者に強制されて行うものではない。ただ、他者に誘われても最終的に自分で決意すれば、自発的な行為と言える。また、ボランティアは、個人としての考え方に基づく行為であり、国家や行政に束縛されない自由意志によるものである。つまり、本質的に、国家や行政の枠や制度を超えた個人として自立した自由な行為や立場なのである。

　次に、利他性である。ボランティアは、自分の利益のために行うもの、つまり利己的な行為ではない。利他的なものであり、他者のために行う、他者のためになることが前提である。就職に有利だとか、他人に良く見てもらいたいという気持ちは利他的とは言えない。

さらに、公共性があげられる。他者のため、公共の福祉のために行うことをボランティアという。ただ、見知らぬ人が困っている時に手を差し伸べるといった些細なことでもボランティアであり、相手がたとえ一人であっても公共性を有していると捉えることができる。ただし、近しい人、例えば自分の子どもや親、親友に対して行う行為はボランティアとは言わない。自分と人間関係が直接ない人たちに対してするのがボランティアである。

② 下位原理

　まず、無償性があげられる。無償性とは、報酬をもらわないということである。以前は、ボランティアは無報酬が当たり前と思われてきたが、必ずしもそうではない。有償ボランティアという言葉があるように、近年では報酬を前提としたボランティアがある。わが国ではNPO法人のスタッフは、1団体あたり平均、約16.6人で、有給職員が約4.9人、有償ボランティアが約3.3人、無償ボランティアが約8.4人である。今や、NPO法人のスタッフの約2割が有償ボランティアであり、そのほか公益団体や地方自治体でも有償ボランティアが活動している。これらの有償ボランティアによって、ボランティア活動が活発に行われるようになってきている。しかし、その反面、有償ボランティアと労働者との違いが曖昧な点もあり、ボランティアを安価で使える労働力として使っている組織もあり、そのあり方が問題になっているケースもある。

　次にあげられるのが創造性・先駆性である。ボランティアとは社会の欠陥を補うだけではなく、時代を先取りしてよりよい社会のために社会を変えたり、新しいことを創りだしたりしていくことも必要だと言われている。もちろん、今まで既に行われている活動をやったらボランティアではない、ということではない。それも立派なボランティア活動である。ただ、ボランティアの一側面として社会に新たな問題や課題が生じた際に、問題を解決し、社会を良い方向へ変えていくための創造性や先駆性がボランティアに求められるのである。

　さらに、あげられるのが継続性である。ボランティア活動は、その必要性が終わるまで続ける必要がある。もちろん、1回の活動でも必要性が終われば問題はなく、1回でも人を救えることはいくらでもある。ここで大切なのは、自分たちの行っている支援の必要がなくなるまでは継続してやっていかなければいけないということである。したがって、ボランティア活動はある程度の区切りまでは続けるという、継続性が必要になる。

　それに関連して責任性がある。ボランティアは、自分の意志で行うものであり、強制されるものではないが、同時に、活動を開始した以上、相手に対して責任が生じる。無責任な行為は許されない。ボランティアを開始したら、その時点で相手との関係のなかでその人たちのことを真摯に考えると、責任が出てくる。前述の継続性のと

ころでも述べたように、支援を受ける立場から考えるとボランティアだからといって
やりたい時にやって、やめたい時にやめるというようなそんな簡単なものではない場
合が多いのである。それは民主主義の社会で権利と義務が表裏一体になっているのと
同じである。自由意志で行えるということは、その行為に対して責任があるというこ
とにつながるのである。

　以上、ボランティアの要件について見てきたが、これはあくまで便宜上の分類であ
り、各人が自分の問題としてボランティアを考えることが望まれる。

3．幸福とボランティア

　三木清は、『人生論ノート』のなかで、「幸福は人格である。人が外套を脱ぎ捨てる
ようにいつでも気楽にほかの幸福は脱ぎ捨てることのできる者が最も幸福な人であ
る。しかし真の幸福は、彼はこれを捨て去らないし、捨て去ることもできない。彼の
幸福は彼の生命と同じように彼自身と一つのものである。」と述べている。つまり、
幸福とは、お金や物といった表面的な幸福を捨てることができる人であり、真の幸福
とは私そのものが存在するということなのである。さらに、三木は次のようにも述べ
ている。

　　機嫌がよいこと、丁寧なこと、親切なこと、寛大なこと、等々、幸福はつねに外
　　に現われる。歌わぬ詩人というものは真の詩人でない如く、単に内面的であると
　　いうような幸福は真の幸福ではないであろう。幸福は表現的なものである。鳥の
　　歌うが如くおのずから外に現われて他の人を幸福にするものが真の幸福である。
　幸福とは表現してこそ幸福であり、その表現が他者を幸福にする、それこそが真の
幸福だという。つまり、私の幸福を親切な行為とか社会貢献という行為として表現す
ることで他者を幸福にすることが真の幸福なのである。

　これに関連して心理学者アドラーも、人間は常に共同体のなかで生きているとし、
そのなかで幸福に生きるためには、共同体感覚を持つことが大切であると述べてい
る。共同体感覚とは、「他者信頼」、「他者貢献」、「自己受容」の３つの要素がある
が、「他者貢献」が幸福に生きる条件としてあげられている。

　このように、幸福とはお金や地位ではなく、自分の存在を肯定したうえで他者や社
会に貢献することである。

4．ボランティアの本質

　このように考えると、ボランティアは自分の幸福そのものだということである。他
者のために何かをする、ということはとりもなおさず、自分のためなのである。自分
が他者のために何かをしたい、という気持ちがそれを実践することで満たされるので
あるから、まさに自分のためなのである。これこそが、ボランティアの主体性、自主

性の醍醐味である。自分の心のなかから湧いてきた思いを実現させるということ、つまり自分の心のなかにある良心によって他者を助けるという素直さがボランティアの本質である。言葉を換えれば、「他者のため」即「自分のため」、これこそがボランティア活動の原理である。例えば小さな子どもが目の前で転けたとする。その時、私が「起こしてあげたい」と思って、その子どもを抱きかかえて起こしたとする。見てみると怪我もしていない。「良かった」と思った。このことと、「お腹がへった」、「ご飯を食べたい」と思い「美味しい物が食べられた」ので「良かった」と思ったという場合を比較してみると、私の心の一連の動きとして捉えれば、「自分が〜したい→〜ができた→良かった」ということで、同じ構造なのだ。違いは、「ご飯が食べたいな」の場合、「自分の利益のために自分がやろうと思った」ということでありボランティアではない。ボランティアの場合は、「相手の利益のために自分がやろうと思った」行為でなければならず、しかもボランティアをした方もしてもらった方もお互いが「よかった」と思う Win-Win の関係が成り立つことである。

　したがって、ボランティアをした相手がお礼を言わなかったから腹が立つということは筋違いなのである。ボランティアは相手の見返りを求めるものではない。もちろん、お礼を言われればうれしいが、それはあくまでプラスアルファである。むしろ、自分がやりたいことをやらせてもらったということで、感謝の気持ちを持つのは私の方なのである。ボランティアをすることで、相手も幸せになり、自分自身も幸福になるのである。

５．善と偽善

　「ボランティアをやる人は偽善者だ」と言う人がいる。このように言う人は、そのほとんどが、ボランティアをやらない人、人のためになにもしたくない人が言う言葉であり、自分がやっていないのに人を偽善者よばわりする人こそ、偽善者である。
① 善について
　善とは、一言でいえば「正しいこと」、「よいこと」である。善については、昔から、哲学、宗教などの様々な分野で追求されてきたが。一般的にはそれぞれの社会の伝統や慣習に基づいて形作られてきた規範のなかで「良い」と考えられている存在や行為である。したがって、社会や国家の違いによって善の内容は違い、相対的なものである。一方、宗教においては特に一神教のキリスト教やイスラム教ではそれぞれに絶対的価値としての善がある。しかし、客観的にみるとそれぞれ違った善があるということは、絶対的でも普遍的でもないということである。

　それでは、私たちは何を目指して、あるいは何を善と捉えてそれを実現させようとすればよいのだろうか。絶対的、普遍的な善の概念は存在しないと言ったが、何が善かというと、そのことについて自分自身に問いかけるなかにその答えがある。もちろ

ん、自分が生きてきた社会、国家、自分が信じる宗教などにおける善が善を考えるスタートにはなるであろう。しかし、それを一度自分の心のなかに落とし込んで、私がそのことに対してどう思うのか、ということを他の善も学び、考慮に入れつつ、自分自身に問い続けることが真の善に近づくことになる。

　さらに、善は行いでしか世に現れないのであり、私の善として確立しないのである。つまり、善とはこのようなものであるといくら言ってもそれは他者だけではなく自分自身にとっても仮説であり、机上の空論でしかない。したがって、善とは何かを追求しつつ、現時点で最善の行動を尽くす。そのうえで、これでよかったのかどうかを常に自問自答し、内省しつつ次なる善を追い求め、それを実行していく、この連続、つまりプロセスこそが善なのである。

② 偽善について

　偽善とは、「本心からでなく、みせかけにする善の行い」である。つまり、自分自身の心のなかから湧いてきた思いからではなく、人目を気にして他人に良く思ってもらおうという気持ちで善を行うことである。

　三木清はこのことに関して、「その本性において虚栄的である人間は偽善的である。真理とは別に善があるのでないように、虚栄とは別に偽善があるのではない。」（『人生論ノート』）と述べている。偽善は虚栄心から生じるのである。そして、「偽善者が恐ろしいのは、彼が偽善的であるためであるというよりも、彼が意識的な人間であるためである。彼が意識しているのは自己でなく、虚無でもなく、ただ他の人間、社会というものである。」（同前）という。つまり、偽善者は、彼自身の行為が偽善的だということを超えて、他人や社会の求めるところに従って、自分が評価されるように意識して偽善を行使するため、そのことが非常に恐ろしい結果を生む可能性があるというのだ。偽善者には、自分がない、自分の意志がない、よって、自分の行為に責任を持たない。善行そのものが、他の人間や社会の受け売りなのである。したがって、自分の善行に対して思い悩んだり、自問自答したりすることなく、無反省なまま自分自身でそれを評価して、他者や社会にも評価してもらおうとするのである。このような偽善者の行為が社会を間違った方向に差し向ける原動力の１つとなるのである。しかも、本人はそのことについて、無責任であり、無反省である。まさに、恐ろしいということである。

　一方、ボランティアや社会貢献をする人々に対して、その志や活動内容も把握せずに、あるいは把握しようともせずに偽善者呼ばわりする人がいる。このような人には２つのタイプがいる。

　１つ目は、彼こそが偽善者の場合である。なぜならば、人を偽善者呼ばわりすることであたかも自分こそが善者であるように装い他者や社会に訴えているのである。まさに、虚栄心の塊である。このような人は、自分は何も行動せずに、他者や社会のた

めに活動する人々の邪魔をし、虚栄だけの自分を売り出そうとしているのである。

　2つ目は、偽悪家といわれる人々である。彼らは、うわべだけ悪人であるかのように振る舞う。三木清に言わせれば、彼らも偽善者と同じように虚栄、しかも「おぼつかない虚栄」（同前）であると述べている。そして、偽悪家もまた、ボランティアをする人々を偽善者と呼ぶ。彼らは、社会を斜めに見て、「善行を行う人間なんかはいない」という理屈から、「彼らは偽善者である」と批判するのだ。まさにそれは、自分の心の内側にあるが自分自身で気づいていない、あるいは否定してきた善の心を持った他者が目の前で善を行使しているのだ。したがって、それは認めるわけにいかず徹底的に否定しなければならないのである。どういうことかと言えば、自分としては否定し心の奥に押し込めてきた善人としての私が、目の前の鏡に映っていることと同じなのだ。だから、腹が立ち忌み嫌うごとく否定するのである。相手への攻撃は、実は自分自身への攻撃なのである。

〔文献〕
・前林清和『社会防災の基礎を学ぶ―自助・共助・公助―』昭和堂　2016年
・宮守代利子「有償ボランティアの提起する問題に関する考察」『早稲田大学大学院社会科学研究科社学研論集20』2012年
・三木清『人生論ノート』新潮社　1987年
・前林清和『Win-Winの社会をめざして―社会貢献の多面的考察』晃洋書房　2016年
・前林清和他『社会貢献を考える―哲学的考察と実践研究―』デザインエッグ　2017年

3．SDGs とは

1．SDGs とは

　最近、SDGs という言葉を、マスメディア等を通じてよく見聞きするようになっている。SDGs とは、「Sustainable Development Goals」の略であり、2015年9月に国連で採択された「持続可能な開発目標」のことを指す。これは2030年の世界の姿をあらわした目標の集まりで、国連で合意された国際的な道標というべきものである。この目標は、後述するように17の目標と各目標のもとにある169のターゲットから成り立っている。17の目標は大きく以下の3つの側面からなっており、相互にバランスがとれ統合された形で達成することとしている。

　1つ目は「経済」に関することである。どうやって経済を成長させていくのか、どのように産業や技術の革新基盤をつくっていくのか、働きがいを感じるにはどうするのか、といったことがここに含まれる。

　2つ目は「社会」に関することである。貧しい人や飢餓に苦しんでいる人をなくし、全ての人が健康であり、質の高い教育を提供し、住み続けられるまちづくりや男女平等の社会の実現、人や国の不平等の解消、などがここに含まれる。

　3つ目は「環境」に関することである。私たちが住んでいる地域において、ごみの分別やリサイクルの意識が高くなっていることを感じる機会が増えてきたが、ここでは気候変動に代表される地球規模の問題をはじめ、エネルギーの使い方や海や陸の豊かさをどのように守っていけばよいのか、などが含まれる。

　これら3つの側面は、途上国・先進国を問わず、人種や性別、社会的格差を超え、相互の多様性を認め合い、経済を発展させつつ自然環境を壊さずに改善していくことを目指すことを明文化しているものである。もし、これらが達成されなければ、これからの世界は今より社会的格差が拡大し、厳しい現実が待ち受けているであろう。21世紀に入り猛烈なスピードで深刻化する気候変動や、紛争、難民や避難民の増加は、私たちにかつてないほどの危機をもたらしている。SDGs はこれらの背景のもと、全ての国連加盟国による「世界レベルの社会契約」なのである。

2．17の目標と169のターゲット

　SDGs で掲げられている17の目標と169のターゲットには、具体的数値目標が盛り込まれているものがある。例えば、目標1の「貧困をなくそう」には7つのターゲットが明記されているが、その1番目（1.1）には、「2030年までに、現在1日1.25ドル未満で生活する人々と定義されている極度の貧困をあらゆる場所で終わらせる」や、

2番目（1.2）には「2030年までに、各国定義によるあらゆる次元の貧困状態にある、全ての年齢の男性、女性、子供の割合を半減させる」などがあげられる。

　また、目標３．の「すべての人に健康と福祉を」のターゲット１（3.1）における「2030年までに、世界の妊産婦の死亡率を出生10万人当たり70人未満に削減する」やターゲット２（3.2）の「全ての国が新生児死亡率を少なくとも出生1000件中12件以

```
1. 貧困をなくそう
2. 飢餓をゼロに
3. すべての人に健康と福祉を
4. 質の高い教育をみんなに
5. ジェンダー平等を実現しよう
6. 安全な水とトイレを世界中に
7. エネルギーをみんなにそしてクリーンに
8. 働きがいも経済成長も
9. 産業と技術革新の基盤をつくろう
10. 人や国の不平等をなくそう
11. 住み続けられるまちづくりを
12. つくる責任　つかう責任
13. 気候変動に具体的な対策を
14. 海の豊かさを守ろう
15. 陸の豊かさも守ろう
16. 平和と公正をすべての人に
17. パートナーシップで目標を達成しよう
```

図1−3−1　SDGs の17の目標（出典：国連　我々の世界を変革する：持続可能な開発のための2030アジェンダ）

下まで減らし、5歳以下死亡率を少なくとも出生1000件中25件以下まで減らすことを目指し、2030年までに、新生児及び5歳未満児の予防可能な死亡を根絶する」、さらに目標8.の「働きがいも経済成長も」におけるターゲット1.（8.1）の「各国の状況に応じて、一人当たり経済成長率を持続させる。特に後発開発途上国は少なくとも年率7％の成長率を保つ」などを見ると、そこには理想論では終わらせない確固たる決意が示されている。

　いきなり「世界レベルの社会契約」などといわれても、何か難しそうな国際的な取り決めのように感じるかもしれない。しかし、SDGs のターゲットには法的拘束力はなく、あくまで各国が17の目標の達成に向けて当事者意識を持って取り組むことが期待されるものである。よって、SDGs の実践においては、それぞれのターゲットの進捗状況に関して、国内外の様々なレベルでフォローアップと検証が必要であり、国際社会は2030年の世界を見据えた持続可能な社会の実現に向けた責任を果たすべく、SDGs の崇高な理念をもとにした多方面からの参画が求められている。

3．MDGs について

　SDGs の理念は、「No one will be left behind」（誰も置き去りにしない社会）をつくることを基盤としているが、その母体となったのは、2000年から2015年にかけて進められた「Millennium Development Goals；MDGs」（ミレニアム開発目標）である。ミレニアムとは1000年ごとの区切りを意味しており、節目の年となる2000年の9月にニューヨークで開催された国連ミレニアム・サミットで採択された国連ミレニアム宣言をもとにまとめられている。宣言の内容は、「より平和で繁栄した公正な世界の創出」に収斂される。この背景には、経済のグローバル化に伴う貧富の格差の増大という現実があり、貧困からの脱出こそが21世紀の国際社会の課題であるということが共有されたことにある。当時の国連事務局長の潘基文氏は、「私たちは、よりよい世界の実現に向け、ミレニアム宣言の約束を果たすよう国際社会に期待する数十億の人々を裏切ってはならない。約束を守ろうではないか。」と語りかけている。

　MDGs は極度の貧困と飢餓の撲滅など、開発途上国を対象として、8つの目標と21のターゲットが設定されており、国連や NGO などの公的機関が中心となって推進されてきた。しかし、サミット翌年の2001年9月11日にアメリカで同時多発テロが発生し、これを機にアメリカは「対テロ戦争」を優先、アフガニスタンやイランへと世界を巻き込みながら戦争の道を突き進むことになり、国際的な関心事は貧困問題から安全保障問題へと大きく移り変わってしまった。このような世界情勢のなかでも、日本は MDGs の目標達成に向けた積極的な経済的支援や技術支援等を通じて中心的役割を担うとともに、国際社会と協働し、議論や取り組みをリードしてきた事実は特筆すべきことである。ただ、MDGs は達成目標であった2015年までに一定の成果をあ

ミレニアム開発目標 (MDGs) Millennium Development Goals

極度の貧困と飢餓の撲滅
● 1日1.25ドル未満で生活する人口の割合を半減させる
● 飢餓に苦しむ人口の割合を半減させる

妊産婦の健康の改善
● 妊産婦の死亡率を4分の1に削減する

初等教育の完全普及の達成
● すべての子どもが男女の区別なく初等教育の
全課程を修了できるようにする

HIV/エイズ、マラリア、その他の疾病の蔓延の防止
● HIV/エイズの蔓延を阻止し、その後減少させる

ジェンダー平等推進と女性の地位向上
● すべての教育レベルにおける男女格差を解消する

環境の持続可能性確保
● 安全な飲料水と衛生施設を利用できない人口の
割合を半減させる

乳幼児死亡率の削減
● 5歳未満児の死亡率を3分の1に削減する

開発のためのグローバルなパートナーシップの推進
● 民間部門と協力し、情報・通信分野の新技術に
よる利益が得られるようにする

図1-3-2　MDGsの8の目標（出典：外務省HP　ミレニアム開発目標（MDGs））

げたものの、貧困や教育・母子保健・衛生といった分野の多くは国や地域ごとに達成状況のばらつきが見られ、特に、サハラ以南のアフリカ諸国や南アジア、オセアニアの島国などが世界から「置き去り」にされることで、社会的格差が一層拡大している事実が顕在化した。これらのMDGsの反省に加え、年々深刻化している環境汚染や気候変動、自然災害等の新たな課題、さらに旧来の「先進国と途上国」という枠組みを超えて、共に持続可能な社会を目指すという理念を持ち、策定されたのがSDGsなのである。

4. 持続可能な開発のための教育（ESD）

　持続可能な社会をつくっていくためには、自分のことだけでなく他者のことや社会のこと、貧困、人権、地球環境や自然災害のことなどを考えて実践していく人間が必要である。このような、持続可能な社会づくりの担い手を育む教育のことを「持続可能な開発のための教育」（Education for Sustainable Development；ESD）という。ESDは、2002年12月の国連総会で採択されて以降、ユネスコが主導機関となっており、「人格の発達や自立心、判断力、責任感などの人間性を育むこと」と「他者との関係性、社会との関係性、自然環境との関係性を認識し、"関わり"と"つながり"を尊重できる個人を育むこと」の2つの観点を重視した、「環境」、「経済」、「社会」を含む総合的なアプローチである。

　国内外の教育機関等においてはESDの必要性は認められており、日本の学校教育では、教育課程のなかに位置づけしやすい教科として「総合的な学習の時間」を通じてESDが実践される事例が報告されている。しかし、その多くはビオトープをはじめとする環境教育にとどまっており、ESDの概念が十分に浸透しているとは言い切れない。これらの実態を総合的に勘案すると、これからの学校教育におけるESD

図1-3-3　ESD の概念図（出典：文部科学省 HP）

は、「SDGs を目標とするなかで、その実践方法として活用する」という方向性を共有することが望まれる。

5．「自分ごと」として考える

　SDGs は2030年の世界のより良い姿を目指すものであるが、その未来に向かって私たちはどうすればよいのだろうか。そのキーワードは、「自分ごと」として考えるということである。現在、私たちが住んでいる地球、国や地域で起こっている事例を、どこかの国や地域の「他人ごと」として捉えるのではなく、「自分ごと」として正面から向き合うことが、SDGs との結びつきを確かなものにするのである。例えば、日本では2020年7月1日からレジ袋の有料化がスタートしたが、この背景には廃棄物・資源制約、海洋プラスチックごみ問題、地球温暖化などの課題への対応が関係している。これまで無料配布されていたプラスチック製レジ袋を「レジ袋がもらえなくなって不便だ」と感じる人がいるかもしれないが、一歩踏み込んでその意義や目的を考えることは、地球の環境問題を考えるよい機会になるであろう。

　現代はインターネットを通じていつでも情報にアクセスできるし、友人や仲間のみならず、著名な学者やリーダーとも簡単に繋がりを持つことができる時代である。身の回りの他愛のない話題や困りごとを起点として、互いの文化や社会の背景を知り、人種やジェンダー、貧困、格差などについて議論を交わすことは、世界に横たわる様々な問題を共有するだけでなく、自分の考え方や意見を持つことの気づきにつなが

るであろう。そういう意味では、SDGs は様々な社会だけでなく「自分を知るための便利なプラットフォーム」であるとも言える。

　私たちは、それぞれに「我の世界」をたった一人で生きているわけではなく、「我々の世界」で相互に依存し、協力しながら生きる動物である。SDGs をきっかけに、「我の世界」と「我々の世界」の 2 つの世界を認識し、「誰かのための行動は、自分のためでもある」という自利利他の精神を持って行動していく姿勢が、2030年の望ましい世界を切り拓く鍵となるであろう。

〔文献〕
・国連「我々の世界を変革する：持続可能な開発のための2030アジェンダ」2015年
・国際連合広報センター HP
・外務省 HP：ミレニアム開発目標（MDGs）
・外務省 HP：2015年度版開発協力白書
・デニス・L・メドウズ、ヨルゲン・ランダース『成長の限界 人類の選択』ダイヤモンド社 2005年
・独立行政法人国際協力機構 HP：ミレニアム開発目標（MDGs）の達成状況
・文部科学省 HP：ESD

4．歴史的な背景

この章では、SDGsがどのような経緯でまとめられたのかについて述べる。前章でも少し触れたが、SDGsは2015年9月の国連サミットにおいて、193の国連加盟国・地域によって採択された「我々の世界を変革する：持続可能な開発のための2030アジェンダ」における「持続可能な開発目標」(Sustainable Development Goals, SDGs)を指している。SDGsは、2001年に策定された「ミレニアム開発目標（MDGs）」の後継であり、世界全体の共通の目標として、17の目標と169のターゲットが示されている。

国連サミット直前までこのような合意は困難と見られていたが、MDGsの実践によって明らかとなった様々な国際的な課題は、もはや開発途上国のみの問題でなく、先進国を含む地球規模の問題として包括する必要性があるとの危機感が共有されたことが背景にある。

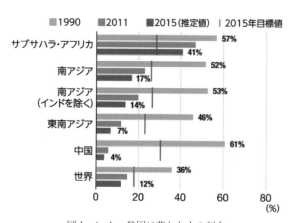

図1-4-1　貧困に苦しむ人の割合

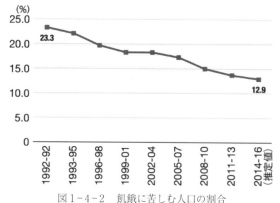

図1-4-2　飢餓に苦しむ人口の割合

（出典：外務省　2015年版国際協力白書　日本の国際協力）

1．MDGsの成果と課題

MDGsは8つの目標から成っているが、これらは開発途上国における諸問題の解決に向けて、経済協力開発機構（OECD）加盟国による政府開発予算（ODA）が中心となって開発援助のありかたが考えられたものである。MDGs時代に掲げた目標は、開発予算の急増により一定の成果を上げている。例えば、1日1.25ドル未満で生活する貧困の人々の割合は、1990年に比べて8.4億人へと半減した。また、「2015年までに男女の区別なく初等教育の全課程を修了できるようにする」という目標も改善された。しかし、この目標は当初は「すべての子ども」となっていたものの、結果として11％の改善にとどまり、完全普及

までには至らなかった。また、「2015年までに5歳児未満の死亡率（乳幼児死亡率）を3分の1に削減する」という目標は、53%減少したものの目標には届かなかった。その他の目標も十分達成されたとは言い切れない。

　さらに、経済格差が引き起こす「健康格差」の問題が顕在化するようになり、そのため世界では依然として10億人が保健医療サービスを受けることができず、1億5000万人の人々が家計を破綻させるほどの医療費の負担を強いられていることが明らかとなってきた。これらの問題の解決には先進国による援助資金が絶対的に必要だが、市場原理にのみ依存して支援を進めてしまうと、途上国における債務負担が増大し、やがて大規模な債務を抱えて国家破綻しかねない。この問題は現在もまだ解消には至っていないが、国際的な取り決めの実行にあたっては、途上国だけの問題として捉えるのではなく、先進国を含む全ての人々に共通する普遍的で包括的な問題であるとの共通認識を持つことが望まれる。

2．「持続可能性」という概念について

　SDGsは直近ではMDGsの後継としての役割を担っているが、そもそもSDGsが掲げる「持続可能性」という概念は、1972年にマサチューセッツ工科大学のデニス・メドウズ教授を中心とした国際的な有識者のグループ（ローマクラブ）が発表した「成長の限界」に遡ることができる。当時は、日本のみならず諸外国においても飛躍的な経済成長が実現する一方で、公害問題が大きな社会問題となっていた。大量生産・大量消費・大量廃棄型のライフサイクルの拡大が地球資源や環境に多大な影響を及ぼし、また世界全体で貧富の差が拡大していることを、「人類の危機に関するプロジェクト」という研究報告で指摘し、このままでは100年以内に地球上の成長は限界に達すると警告したのである。

　また、同年にストックホルムで国連人間環境会議が開催され、「かけがえのない地球（Only One Earth）」のスローガンのもと、「ストックホルム宣言」として環境保全を進めていくための合意と行動の枠組みが採択されたが、その後、1980年に世界自然保護基金（WWF）、国際自然保護連合（IUCN）、国連環境計画（UNEP）の3団体の協力によって、自然保護の戦略計画書「How to Save the World」を発表、そこではじめて「持続可能性」という言葉が正式に採用されるに至っている。

　一方、これらを実現する機運が高まっていた1973年に第一次オイルショックが起き、世界経済に大きな衝撃を与えることになった。オイルショックのきっかけとなったのは石油輸出機構（OPEC）による原油の減産と大幅な値上げであったが、これは開発途上国を中心に構成されていたOPECが国際的に非常に辛い思いをしてきた過去があったため、自分たちの力を誇示する機会としたものである。さらに、「アフリカの年」と言われる1960年を境に、アフリカ大陸で17カ国が植民地から独立して国連

に加盟し、国連総会の構造転換が起こり始めた。つまり、国連加盟国における途上国の割合が増え、1国1票制のもとで途上国がマジョリティとなったのである。1970年代には、これらの途上国やOPECは国連総会を足場として世界経済を変えようとしたものの、現実は非常に厳しいものとなり、皮肉にもその後1980年代を通じて、西側諸国の援助が一層強化されることになった。

3．「南北問題」と「東西冷戦」の終焉

　1990年代に入ると、いわゆる「南北問題」や「東西冷戦」の枠組みが一挙に崩れ、途上国支援は課題が山積しているにもかかわらずODAが停滞し始める。そんななか、日本は一貫してODAへの支援を続け、1990年を除いた2000年までの10年間、日本は世界最大の援助国（当時の援助総額：約90億ドル）として世界経済に大きく寄与することになった。

　1992年にリオデジャネイロで開催された「地球サミット（国連環境開発会議）」では、1972年の「ストックホルム宣言」を踏まえ、地球環境の保全のための公平な地球規模のパートナーシップを構築することを目標に、「リオ宣言」がなされた。ここで、先進国と途上国が「共通だが差異ある責任」を有することが確認された。

　このように、「南北問題」の構造の崩壊や環境に対する地球規模の取り組みの延長線上に登場したのが、「ミレニアム開発目標（MDGs）」である。しかしながら、実際のMDGsの内容は、OECDのなかで途上国支援について専門的に議論する組織である「開発援助委員会（DAC）」が、1996年5月に発表した「DAC新開発戦略（21世紀に向けて；開発協力を通じた貢献）」で示した目標そのものになっている。DAC新開発戦略がMDGsへと引き継がれた背景には、EU加盟各国をはじめとする政権交代が深く関わっており、DACにおける新たなプラットフォームの実現に向けて、国連が「ミレニアム・サミット」の開催を決議したことがあげられる。1990年代半ばの政治

1972年	ローマクラブ「成長の限界」
1972年	ストックホルム宣言
1980年	自然保護の戦略計画書「How to Save the World」
1992年	リオ宣言
1996年	DAC新開発戦略「21世紀に向けて；開発協力を通じた貢献
2000年	ミレニアム開発目標「MDGs」
2002年	ESD（持続可能な開発のための教育）が国連総会で採択
2015年	持続可能な開発目標「SDGs」

図1-4-3　SDGsをめぐる歴史的背景

環境は、EU 加盟国15カ国の内12カ国が社会民主党政権となっており、日本も社会党の村山富市が首相を務めていた時代である。その後、数年で次々と社会民主党政権が崩れるなか、「ミレニアム・サミット」を通じてある種の思想的潮流が復活するかのようにDAC の政策が取り上げられることになった。国連は、前述の通り途上国がマジョリティを占めていたために開発が中心テーマとなっていたが、途上国の結束の基盤である「Group of 77（G77：77の途上国グループ）」の足並みがそろわず、そこで改めて先進国がG77に DAC が掲げる戦略へ協力と理解を促し、合意されたのである。

4．支援の「送り手」と「受け手」

前述の通り、MDGs は DAC 新開発戦略が引き継がれたものであり、途上国支援の枠組みが主題となっていたが、途上国が先進国から支援を受けるというスキームだけが機能していたわけではない。特に、日本人が決して忘れてはならないことがある。それは、2011年３月11日に発生した東日本大震災で混乱を極める日本において、最貧国48カ国のうち35カ国までもが日本に支援した事実である。インターネットを通じて情報が瞬時に拡散される現代社会のなか、危機的状況下で物的・人的支援を必要とする際、どのような国の如何なる立場の人であっても、「困っている人のために、役立

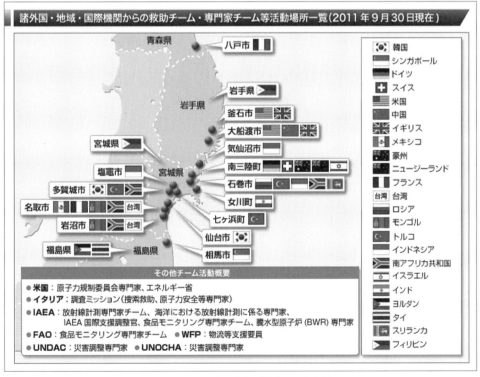

図1-4-4　東日本大震災後の国際支援
（出典：外務省 HP　世界が日本に差し伸べた支援の手―東日本大震災での各国・地域支援チームの活躍）

ちたい」という人道的な基本姿勢が国境を越えて共有されたのである。2015年に策定されたSDGsが単に先進国による支援にとどまらず、包括的な地球全体の問題としてのプラットフォームになった背景には、このような日本の事例を通じて、国力を問わず「持続可能な社会」を掲げる重要性を共通認識できた側面もあろう。

　SDGsの17の目標と169のターゲットを改めて俯瞰すると、その多くは先進国のみならず途上国にとっても達成不可能に見える。また、その目標やターゲットには、達成義務もなければ罰則規定も存在しない。SDGsは思想的には地球規模の共通したプラットフォームを築くことに成功したが、だからといってスローガンのみを唱えて現実問題に対処できないようでは意味がないであろう。ドイツやスウェーデンなどのEU諸国では、NGOや研究機関等が中心となって、政府にSDGsの達成度を定期的にチェックしたうえで改善に向けた具体的方策を構築するプロセスを始めている。日本では2016年に「SDGs推進本部」が設置され、様々な企業で積極的な活動が始まっている。SDGsは条約のような強制ルールではないからこそ、各国にその自覚と責任が委ねられている。また現状では、国や企業だけではなく、私たち個々人も一人の主体として責任を持った行動を心掛け、日常の生活を見直していくことから始める必要があろう。ただ忘れてはならないことは、支援は様々な状況下で、「受け手」と「送り手」が入れ替わる可能性が常にあるということである。自然災害をはじめ緊急を要する危機における支援などはその最たるものであるし、日常生活においても頻繁に経験する事例である。例えば、自分が困っている人に手を差し伸ばした際に、支援されるのは「受け手」だけでなく、その時の様々な局面やその後の展開を通じて「受け手」へと逆転することが十分起こり得るのである。学校教育機関などでは、様々な社会貢献やボランティア活動等を通じて、このような逆転現象の実感に支えられた豊かな経験が得られる場を設け、学問の追求と同等以上の価値ある教育へと志向していくべきであろう。

5．21世紀の新しい社会規範に向けて

　これまで俯瞰してきた通り、二度にわたる世界大戦後の世界における基本的な要請の具体がMDGsであり、SDGsのビジョンである。これらに西洋的価値観との親和性を見出すかもしれないが、それは決して誰かが決めたことを、誰かが管理し、理想の実現に向けてまとめ上げていくという性質のものではない。もしそんな世界を志向しているとすれば、それは世界規模の全体主義体制にも繋がりかねず、一部の大国やグローバル企業の支配の土壌にすらなり得ることは想像に難くない。私たちの世界は、様々な歴史的背景を基盤とした多様な国々があり、文化があり、人が生きている。私たちは、地球が育んできた豊かな世界を互いに尊重しあい、相互協調のなかで安定的な発展を目指すという姿勢が今、求められていることを自覚すべきである。

2020年に突如発生した新型コロナウイルスによるパンデミックは、まさに今後の世界の在り様を試しているともいえよう。ブロック経済による自国第一主義を世界各国がとるなか、これまで気になっていた格差や貧困、差別など、様々な社会問題が表面化している。この状況下で注視すべき事態は、これらの問題解決に向けて、国際的な連帯よりも国家統制を強める方向性が同時多発的に支持されているという事実である。

　私たちは再び世界大戦を繰り返さないために新たな規範意識を創造していかなければならない。その手掛かりこそが、SDGsで示される目標やターゲットであり、それは世界大戦を機に発生したものであるものの、今や西洋的価値観のみに支えられた思想ではなく、明治維新以降に大きく変容した日本も明確に意識すべきことなのである。

〔文献〕

・国連「我々の世界を変革する：持続可能な開発のための2030アジェンダ」2015年
・デニス・L・メドウズ、ヨルゲン・ランダース『成長の限界 人類の選択』ダイヤモンド社　2005年
・高橋一生「持続可能な開発目標（SDGs）の思想的背景と現実的課題」一般社団法人平和政策研究所　2016年
・杉下智彦「持続可能な開発目標（SDGs）の背景と国際展開―グローバル・ヘルスと健康の社会デザイン―」保健医療科学　2019年
・独立行政法人国際協力機構 HP；ミレニアム開発目標（MDGs）の達成状況
・外務省 HP；世界が日本に差し伸べた支援の手〜東日本大震災での各国・地域支援チームの活躍
・外務省 HP；2015年版　国際協力白書　日本の国際協力
・マルクス・ガブリエル、中島隆博『全体主義の克服』集英社新書　2020年

5．日本における SDGs

1．日本における SDGs

　日本における SDGs は、2016年 5 月に「持続可能な開発目標（SDGs）推進本部の設置について」が閣議決定され、内閣に「持続可能な開発目標（SDGs）推進本部」が設置されたことに始まる。同年12月の SDGs 推進本部第 2 回会合では、「持続可能な開発目標（SDGs）実施指針」がまとめられ、具体的な施策概要とターゲット等が公表された。

　この指針によると、日本のビジョンは「持続可能で強靱、そして誰一人取り残さない、経済、社会、環境の統合的向上が実現された未来への先駆者を目指す」としており、実施原則として、①普遍性、②包摂性、③参画型、④統合性、⑤透明性と説明責任、をあげている。さらに優先課題を、①あらゆる人々の活躍の推進、②健康・長寿の達成、③成長市場の創出、④持続可能で強靱な国土と質の高いインフラの整備、⑤省・再生可能エネルギー、気候変動対策、循環型社会、⑥生物多様性、森林、海洋等の環境の保全、⑦平和と安全・安心社会の実現、⑧SDGs 実施推進の体制と手段、としている。なお、この 8 つの優先課題と国連で採択された2030アジェンダにおける「5 つの P」との関係は、以下のように示している。

　SDGs の17のゴールと169のターゲットには、日本では既に達成されているものが多いが、ここで示されている 8 つの優先課題は日本で特に注力すべきものとしている。

```
People（人間）
 1．あらゆる人々の活躍の推進
 2．健康・長寿の達成
Prosperity（繁栄）
 3．成長市場の創出
 4．持続可能で強靱な国土と質の高いインフラの整備
Planet（地球）
 5．省・再生可能エネルギー、気候変動対策、循環型社会
 6．生物多様性、森林、海洋等の環境の保全
Peace（平和）
 7．平和と安全・安心社会の実現
Partnership（パートナーシップ）
 8．SDGs 実施推進の体制と手段
```

図 1 - 5 - 1　2030アジェンダと日本の優先課題との関係

2．SDGs の推進に向けた体制

　内閣に設置された「持続可能な開発目標（SDGs）推進本部」は、関係所管との連

持続可能な開発目標（SDGs）実施指針の概要

● ビジョン：「持続可能で強靱，そして誰一人取り残さない、経済、社会、環境の統合的向上が実現された未来への先駆者を目指す。」
● 実施原則：①普遍性、②包摂性、③参画型、④統合性、⑤透明性と説明責任
● フォローアップ：2019年までを目処に最初のフォローアップを実施。

【8つの優先課題と具体的施策】

①あらゆる人々の活躍の推進
■一億総活躍社会の実現　■女性活躍の推進　■子供の貧困対策　■障害者の自立と社会参加支援　■教育の充実

②健康・長寿の達成
■薬剤耐性対策　■途上国の感染症対策や保健システム強化、公衆衛生危機への対応　■アジアの高齢化への対応

③成長市場の創出、地域活性化、科学技術イノベーション
■有望市場の創出　■農山漁村の振興　■生産性向上　■科学技術イノベーション　■持続可能な都市

④持続可能で強靱な国土と質の高いインフラの整備
■国土強靱化の推進・防災　■水資源開発・水循環の取組　■質の高いインフラ投資の推進

⑤省・再生可能エネルギー、気候変動対策、循環型社会
■省・再生可能エネルギーの導入・国際展開の推進　■気候変動対策　■循環型社会の構築

⑥生物多様性、森林、海洋等の環境の保全
■環境汚染への対応　■生物多様性の保全　■持続可能な森林・海洋・陸上資源

⑦平和と安全・安心社会の実現
■組織犯罪・人身取引・児童虐待等の対策推進　■平和構築・復興支援　■法の支配の促進

⑧SDGs実施推進の体制と手段
■マルチステークホルダーパートナーシップ　■国際協力におけるSDGsの主流化　■途上国のSDGs実施体制支援

図1-5-2　持続可能な開発目標（SDGs）実施指針の概要
（出典：SDGs推進本部　SDGsアクションプラン2018～2019年に日本の「SDGsモデル」の発信を目指して）

携の下、具体的推進に向けた司令塔の役割を果たし、実施指針の確認と見直し（モニタリング、フォローアップ、レビュー）、ステークホルダーとの意見交換、広報・普及活動に重点的に取り組むことが明記されている。また、「持続可能な開発目標を達成するための具体的施策」ではその具体例が詳細に記載されている。例えば、「1.あらゆる人々の活躍の推進」の教育に関する施策として、「初等中等教育の充実」をあげており、その概要として、「教育の機会均等を図るため、義務教育段階の修学援助や高校生等への修学支援に取り組む。また、子供たちが全国どこにいても一定水準の教育を受けられるようにするために、新たな時代に求められる資質・能力を育成する観点から学習指導要領を改訂、実施しそのために必要な教員の資質能力の総合的な向上及び教職員等の指導体制の充実に取り組む」としている。この内容は、SDGsの「4.1」のターゲット、つまり、「4.質の高い教育をみんなに」の「1.2030年までに、全ての子供が男女の区別なく、適切かつ効果的な学習成果をもたらす、無償かつ公正で質の高い初等教育及び中等教育を修了できるようにする。」を踏襲する構造となっている。また、「6.生物多様性、森林、海洋等の環境の保全」に関する施策では、国内のみならず国際協力の両面において、持続可能なものに変革するための取り組みとして示している。

このような動きは、国際的見地から日本の立場を説明するうえで一定の意味を持つものの、一市民の立場からはあまりピンとこない点は否めない。SDGs は単にスローガンではなく、その思想を実現するツールとして活用されなければ意味がないのである。しかし、残念ながら現在の日本の取り組みは、徹底した政府主導になっており、市民感覚からは程遠い概念として受け止められている。これは日本においては SDGs に限らず、様々な政治的局面に対するある種の無関心が引き起こしている現象に通底する問題でもある。前述したように、EU 諸国では SDGs の交渉プロセスにおいて、政府や企業、自治体、市民社会等が一体となったダイナミックなメカニズムが構築されているが、このようなスキームを日本で援用することのハードルは高く、これは諸外国とは大きく異なる日本人特有の課題、特に「市民」や「シティズンシップ」という概念が公教育や地域社会において十分に形成されてこなかったことと深く関係している。

3．日本人の社会参画の意識

　2019年に日本財団が公表した「第20回18歳の意識調査」を見ると、「自分は責任がある社会の一員だと思う」と回答した日本人は全体の44.8%にとどまっており、調査対象国のなかで極めて低い数値となっている。なお、同じ質問においてアメリカは88.6%、ドイツは83.4%、中国にいたっては96.5%の若者が肯定的な回答をしている。また、「自分で国や社会を変えられると思う」と回答した人は18.3%と、これも調査対象国のなかで際立って低い数値である。さらに、「自分の国に解決したい社会的課題がある」と回答した若者は46.4%であり、調査対象国のなかで最も低い値と

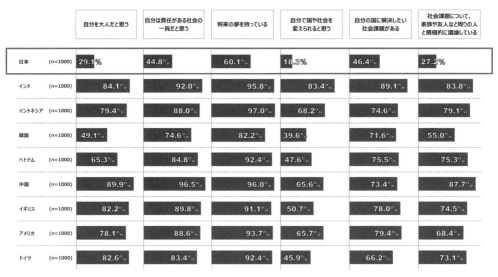

		自分を大人だと思う	自分は責任がある社会の一員だと思う	将来の夢を持っている	自分で国や社会を変えられると思う	自分の国に解決したい社会課題がある	社会課題について、家族や友人など周りの人と積極的に議論している
日本	(n=1000)	29.1%	44.8%	60.1%	18.3%	46.4%	27.2%
インド	(n=1000)	84.1%	92.0%	95.8%	83.4%	89.1%	83.8%
インドネシア	(n=1000)	79.4%	88.0%	97.0%	68.2%	74.6%	79.1%
韓国	(n=1000)	49.1%	74.6%	82.2%	39.6%	71.6%	55.0%
ベトナム	(n=1000)	65.3%	84.8%	92.4%	47.6%	75.5%	75.3%
中国	(n=1000)	89.9%	96.5%	96.0%	65.6%	73.4%	87.7%
イギリス	(n=1000)	82.2%	89.8%	91.1%	50.7%	78.0%	74.5%
アメリカ	(n=1000)	78.1%	88.6%	93.7%	65.7%	79.4%	68.4%
ドイツ	(n=1000)	82.6%	83.4%	92.4%	45.9%	66.2%	73.1%

図1-5-3　国や社会に対する意識（9カ国調査）（出典：日本財団HP　18歳意識調査）

● OECD 加盟国（37カ国）における比較　　　　　　　 は日本の平均得点と統計的な有意差がない国

	読解力	平均得点	数学的リテラシー	平均得点	科学的リテラシー	平均得点
1	エストニア	523	日本	527	エストニア	530
2	カナダ	520	韓国	526	日本	529
3	フィンランド	520	エストニア	523	フィンランド	522
4	アイルランド	518	オランダ	519	韓国	519
5	韓国	514	ポーランド	516	カナダ	518
6	ポーランド	512	スイス	515	ポーランド	511
7	スウェーデン	506	カナダ	512	ニュージーランド	508
8	ニュージーランド	506	デンマーク	509	スロベニア	507
9	アメリカ	505	スロベニア	509	イギリス	505
10	イギリス	504	ベルギー	508	オランダ	503
11	日本	504	フィンランド	507	ドイツ	503
12	オーストラリア	503	スウェーデン	502	オーストラリア	503
13	デンマーク	501	イギリス	502	アメリカ	502
14	ノルウェー	499	ノルウェー	501	スウェーデン	499
15	ドイツ	498	ドイツ	500	ベルギー	499
16	スロベニア	495	アイルランド	500	チェコ	497
17	ベルギー	493	チェコ	499	アイルランド	496
18	フランス	493	オーストリア	499	スイス	495
19	ポルトガル	492	ラトビア	496	フランス	493
20	チェコ	490	フランス	495	デンマーク	493
	OECD 平均	487	OECD 平均	489	OECD 平均	489
	信頼区間※（日本）：499-509		信頼区間（日本）：522-532		信頼区間（日本）：524-534	

図1-5-4　OECD 生徒の学習到達度調査2018年調査（PISA2018）

なっているのである。一方、国内総生産（GDP）を見ると、日本はアメリカ、中国に次ぐ世界第3位の先進国であり、学習到達度調査（PISA）や国際数学・理科教育動向調査（TIMSS）では常にトップグループを維持している。これらのデータを俯瞰するだけでも、日本人は「学力水準は高いが、"市民"という概念が脆弱」という特異な傾向が浮かび上がってくる。自分が国や社会を形成する主体であるという感覚や社会規範を尊重する姿勢や態度はSDGs の実践にかかる基本的素養であり、学習指導要領が掲げる「生きる力」に直結しているという事実を忘れてはならない。

4．勇気を持って、一歩前に

社会や地域に学び、様々な世界の相違を肌で感じたければ、あらゆる機会を活用し

て「リアルな現場」に身を置き、多様な価値観を持つ人々と語り、未だ見ぬ社会や文化に触れてみることである。その際、果たしてどれだけ他者を理解し、思いを寄せることができるだろうか。また、どれだけ自分自身や自国の文化などに共感や理解が得られるであろうか。自分を語るということは、自分自身を見つめ直すことでもあり、そのことで気づきも生まれる。また、異文化や他者の語りにじっと耳を傾けることで、驚きと実感を伴った知的好奇心が触発され、新たな世界との出会いに繋がる。

　その具体的な実践例としては、身近な地域貢献やボランティア活動への参加があげられる。地域社会における身近な課題に取り組むことは、それが自らの問題でもあるとの認識が得やすく、関心や学習意欲を高める。さらに問題解決に至るプロセスや地域の方々との議論を通じて、地域社会のありようや見方・考え方の基本的姿勢を学ぶことができる。さらに、このような体験の積み重ねこそが、「シティズンシップ」という概念の理解へと繋がり、持続可能な社会の実現に向けた確かな一歩となるのである。

５．「多様性」と「包摂性」

　日本においてSDGsの17の目標のうち、特に遅れている分野と指摘されている「５．ジェンダー平等を実現しよう」や「７．エネルギーをみんなに　そしてクリーンに」、「13．気候変動に具体的な対策を」等については、政府の施策を出発点とせざるを得ない部分もあるが、その先に個々の価値観や態度を改めて見つめなおすという志向が必要である。SDGsの理念の根底には、「多様性」と「包摂性」の考え方があることは重要な点であり、「持続可能な開発目標（SDGs）実施指針」においても強調されている。

　2030アジェンダにおける「誰も置き去りにしない」というキーワードは、SDGsの根本理念であり、子ども、若者、障がい者、病弱者、高齢者、避難民、移民などへの理解と協働を求めている。日本にいると社会の「多様性」や「包摂性」について実感することが少ないかもしれないが、国際社会における普遍的価値としての人権の尊重やジェンダー平等の実現等は、特に意識的に改善すべき事項であると思われる。空気を読む文化や村社会といった「同調圧力」が強いといわれる日本において、一歩前に出ることは相応の勇気を要するが、様々な社会貢献やボランティア活動等を通じて社会の多様性に気づき、自分の無知を知り、公共心や協働して生きていくことの基本的姿勢を学ぶことが、成熟した地域社会の構築に寄与するのである。日本はこれまで、精神的・身体的・社会的にハンディを抱えた人々を、世間から極力見えないように隔離してきた歴史がある。私たちは過去の過ちや失敗と真摯に向き合い、常識と信じてきた日常を改めて見渡し、個人や社会における「多様性」と「包摂性」を再考すべき時期にきている。

〔文献〕
・持続可能な開発目標（SDGs）推進本部 HP
・外務省「持続可能な開発目標（SDGs）実施指針」2017年
・日本財団 HP：18歳意識調査
・文部科学省・国立教育政策研究所 HP：OECD　生徒の学習到達度調査2018調査（PISA2018）
・文部科学省・国立教育政策研究所 HP：国際数学・理科教育動向調査（TIMSS）の調査結果
・国連「我々の世界を変革する：持続可能な開発のための2030アジェンダ」2015年
・高橋一生「持続可能な開発目標（SDGs）の思想的背景と現実的課題」一般社団法人平和政策研究所　2016年

6．17のゴールを目指すための哲学

　持続可能な開発、社会の実現を目指すSDGsの活動を支える思想、もっと言えばSDGsを実現させるための17のゴールを目指していくうえで私たちが持つべき哲学とは何かを考えてみよう。

　ここでは、SDGsを私たちが自分ごととして進めていくにあたっての6つの視点を提示していく。

1．自然と人間の関係を問い直す視点

　SDGsの持続可能な世界をつくっていくという目標の奥には、「パリ協定」で採択された「温室効果ガス排出削減等のための新たな国際枠組み」、つまり脱炭素社会の実現を目指す思惑がある。

　今までの化石燃料を使うことで高度に発達してきた社会は、私たちに便利で快適な生活を与えてくれた。しかし、一方で地球温暖化を招き、また地球環境を破壊してきた。

　もう少し詳しく見てみよう。近代以降、私たち人間は、自然を排除し、自然から隔離した生活をしようと努力してきた。人間と自然は対立関係にあり、そのなかで人間は自然を克服しつつ現代の文明社会を築いてきたのである。しかし、そろそろこのような西洋的二元論、すなわち物心二元論の限界が近づいてきている。どういうことかと言えば、デカルトは世界を人間の精神と物に分けて、それぞれ独立した存在とした。この場合、もちろん「精神」が上位あるいは中心であり、「物」は下位、周縁ということになる。そのことで精神を備えた人間こそが世界の中心であり、その他の物は全て人間の都合の良いように扱えばよいという人間中心主義の世界観・自然観が生まれ、自然を破壊し汚染してきたのである。しかし、実は人間自体も自然の一部であるから、自然を破壊していくと人間そのものを破壊していくことにつながるのである。実際に、私たちが暮らす環境が私たちにとって住みにくい状態になりつつある。具体的には、地球温暖化をはじめ大気汚染や水質汚濁、森林破壊などが進行し、多くの生き物が絶滅の危機に瀕しているということそのものが、人間が滅亡の方向に進んでいるということにつながる。つまり、今のままでは私たちの社会は持続が不可能であるということがわかってきたのだ。

　といって、過去に戻ることはできない。なぜならば、単純に過去に戻るには人間の人口が増えすぎたのであり、原始時代のような生活をしたとすれば、78億人もの人間が生きていくことは不可能である。また、私たち自身も生活様式を原始時代のような状態に戻すことを受け入れ難いからである。

それではどのようにしたらよいのであろうか。

　近代以降の自然をも凌駕する存在としての人間万能の思想である西洋的二元論から、自然と人間の調和を説く一元論的な東洋的世界観を見直すことが大切である。東洋では、伝統的に人間も含めた天地万物の全ては気でできており、宇宙の全ての営みも気の変化によるという世界観が展開されていた。したがって、気は、人間も含めて全ての生命の根源であり、心の働きでもあると考えられてきた。つまり、人間は独立した存在ではなく、自然の一部としての存在なのである。このことは、自然を破壊することは、イコール人類の破滅ということを意味する。したがって、人間の継続した繁栄を願うのならば自然が豊かでなければならないのである。このような世界観こそが、持続可能な社会、持続可能な開発の哲学である。

　持続可能な開発とは、自然を克服、破壊、消費しながら開発するのではなく、地球の持つ能力の範囲内の天然資源と共存、調和しながら世界全体の人々の生活を向上させていくための開発である。

2．Win-Win の視点

　SDGs は、世界の貧困をなくすことを目標の1つにあげている。これは、勝ち負けの世界、つまり「競争原理」では実現できない課題である。もっと言えば「競争原理」に持続可能性はない。なぜならば、いつも自分が勝者とは限らないからである。たとえ勝ち続けたとしても、理論的には最終的な勝者は一人となり、その瞬間に社会は消滅することになるからである。持続可能な社会の根本原理は、「分かち合い原理」である。「競争原理」とともに人間しか持ち得ない原理の1つが「分かち合い原理」である。人間だけが、弱肉強食という本能以外に、「分かち合い」という原理を作り上げ、その原理に基づく社会をつくってきた。人間は自分の幸せ以外に、他人の幸せを自分の幸せと捉えることができる存在なのである。

　ところで、アメリカのコヴィーは、Win-Win を提唱する。Win-Win とは、「自分も勝ち、相手も勝つ。それぞれの当事者が欲しい結果を得る」という考え方であり、「分かち合い原理」に基づくものと言える。ちなみに、Win-Win の他には、Win-Loseや Lose-Win、Lose-Lose などがある。Win-Lose は、「競争原理」に基づくものである。Lose-Win は、「私は生まれつき負け犬です」とか「私は皆のために犠牲になります」などという人であり、ビジョンや希望、期待がない。Lose-Lose は、共に負けるというパターンであり、復讐心や嫉妬心に駆られ、相手を殺すことで自分も殺すというパターンである。コヴィーは、「Win-Win は、すべての関係において常に相互の利益を求める心と精神のことであり、お互いに満足できる合意や解決策を打ち出すことである」、「Win-Win は、人生を競争ではなく、協力する舞台とみるパラダイムである」と述べている。つまり、相手の成功を犠牲にすることなく、自分が成功するとい

う考え方である。

　Win-Winの思想や「分かち合い原理」は、共生社会を実現していくための基本的な思想である。このようなWin-Winの社会、「分かち合い」の社会を実現し、広げていくこと、世界に対して広げていくことで、戦いや妬み、復讐心のない、持続可能な社会をつくっていくことができるのではないだろうか。そして、社会貢献やボランティアという行為は、Win-Winの社会、「分かち合い」の社会を実現するための具体的で有力な方法なのである。

3．人権を問う視点

　私たち日本人の多くは、「人権」について考えよう、と言われても何を考えてよいのかわからないと思う。つまり、それほど私たち日本人の人権は守られているのである。しかし、国際的に見た場合、人権が守られず苦しんでいる人々が数多くいる。現在、世界で人権が守られているのは7割ぐらいで、3割ぐらいはまだまだ守られていないと考えられる。つまり、20億人以上の人々の人権が守られていないのである。

　実は、「人権」という概念は新しく、近代以降の概念である。世界的に見れば50年ほど前までは地球上に多くの植民地があり、「人権」がまったく守られていない国や地域がたくさんあった。多くの植民地が独立したのは、第二次世界大戦後で、特に1960年代に多くの植民地が独立した。つまり、植民地がこの世界からなくなってまだ半世紀程度しかたっていないのである。

　「人権」とは守らなければいけないものであり、守られるべきものである。なぜならば、「人権」は、全ての人間が持って生まれた権利、自然権なのである。したがって、私たちは、人権が守られていない国をサポートしなければいけない。しかし、それは決して押し付けるものではない。人権は、当事者の一人ひとりの心のなかで芽生えて、本人が意識し自覚しないと、真の意味で獲得することはできないのである。他者から与えられるものではないのだ。とはいっても、世界には、人権という概念すら知らない人々がいる。そのような人々は、まず人権について知らなければ、学ばなければ、ことは始まらない。そのために必要なことが、教育である。教育によって人間は人権の思想を知り、人権の意識が生まれるのである。そして、それが人権運動として具現化し、制度としての人権がつくられていくのである。

　SDGsでは、「全ての人々の人権を実現することを目指す」ことが謳われているが、それを実現させるために押し付けや一方的な活動にならないように、相手の人権を尊重した活動を心がけることが大切である。

4．文明・文化を捉えなおす視点

　世界の趨勢として、現代の文明・文化は西洋に根差している。

まず、文明についてであるが、近代文明というのはイギリスの産業革命以降できてきた、いわゆるヨーロッパ文明であって、1つの価値観のなかでの文明である。

　つまり、現代文明は、人間中心主義に基づいて人間の都合に合わせて自然を破壊することで構築されてきた文明なわけである。さらに、近年、インターネットを武器としたグローバリゼーションの流れのなか、アメリカが世界を席巻しており、世界は政治、経済、科学技術、文化がアメリカ化、あえて言えばアメリカ文明に支配されている。一方、中国は習近平国家主席が2013年に打ち出した「一帯一路」により、アジアとヨーロッパ、アフリカを陸路と海上航路でつなぐ物流ルートをつくり貿易を活発化させ、政治・経済を通じてアメリカと対抗しようと強引に進めている。そして、中華思想、つまり「漢民族を中心とした中国人は文化的優越性を持っており、世界の中心にある」という中国中心主義の実現、しいて言えば中国文明の復活を目指していると言える。しかし、覇権による文明の展開や拡大は、強制や暴力、搾取が伴い、その文明の浸透レベルの差や優劣によって差別や偏見、格差を生むことになる。

　次に、文化について考えよう。世界各地に様々な文化があるが、本来、文化というのはそれぞれに特徴があるだけで、高度な文化、程度の低い文化などと上下の関係ではない。しかし、歴史的に、いや現在も、多くの人々が文化には上下があると思っている。その根底には、ヨーロッパの文化が世界一だという価値観がある。つまり、ヨーロッパ、白人を頂点とした文化のヒエラルキー的な考え方である。このような思想は、常に自分の下を想定することになり、差別を生む大きな要因と言えよう。あくまで文化というものは、それぞれが地域ごとに特徴があり、それぞれの歴史があって形づくられているもので、ヒエラルキーとして位置づけられるものではない。

　SDGsの活動を遂行していくうえで、それを主導する大国の文明が暴力的にならないよう、また文化の押し付けや差別、否定が起きないように留意しなければ、SDGsの理念と逆行することになりかねない。

5．世界の中心からの視点

　家にある世界地図を見てみると日本が真ん中にある。このことを、私たち日本人は、当たり前のことだと思っている。しかし、地球の表面に真ん中や端があるはずがない。その証拠に、世界共通の地図はヨーロッパが中心である。さらにオーストラリアでは、南北が逆になっている地図がある。つまり、人間というものは、自分自身や自分の国を世界の中心に置きたいのである。したがって、自分の住んでいる国を真ん中において世界地図を描くことになる。

　また、地球儀や地図を見てみると上が北、下が南になっていて、北の果てには北極、南の果てには南極がある。しかし、よく考えると宇宙や地球に上下があるはずがない。それでは何故北を上にするのだろうか。その理由は、北半球にヨーロッパが位

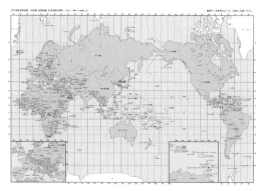

図1-6-1　日本が中心の世界地図

図1-6-2　ヨーロッパが中心の世界地図

図1-6-3　オーストラリアが中心の世界地図

置しているからである。世界地図の初期の制作者がヨーロッパ人であり北半球に住んでいたため、北が上になったのだ。先にも述べたように、それが面白くない南半球のオーストラリアでは、南が上の地図がつくられている。やはり、人間は、自分自身が中心、自国が中心なのである。

自分自身が中心、自国が中心という立場は決して悪いことではない。ナショナル・アイデンティティを持つことは大切なことである。ただ、ここで重要なことは、私も世界の中心であるが、世界中の人々はそれぞれが世界の中心であるということである。つまり、私は、絶対的であると同時に相対的でもあるのだ。このことが重要なのである。

全ての人が世界の中心であるということをお互いが理解するためには、相手を特別な存在としてリスペクトし、自律的に自分の欲望を抑制し、相手との関係のなかでバランスをとることが国際社会の一員としての生き方である。

6．公正を期するための視点

「公正」ということについて、私たちは日常生活においてあまり意識していない。裏を返せば、不公正だと実感することが、あまりない公正な社会で生きているからである。しかし、世界を見渡すと、日本とは比較にならないほど不公正な世界がある。例えば、貿易や労働条件などの経済の分野、学校などの教育の分野、あるいは裁判などの法律の分野など多くの分野で公正な立場で活動が行われているのか、というと決してそうではない。

ところで、グローバリゼーションの波は、世界の隅々まで行きわたりつつある。そして、世界各地のローカリゼーションを破壊し、消滅させている。

　グローバリゼーションは、一見公正な活動のように思われるが、実は圧倒的な不公正な側面がある。ルールさえ守れば何をしてもよいということはない。ルール自体が、大国によって定められたルールであれば、それは時として暴力的なものとなるのだ。莫大な資本と技術を持った世界企業が資金力も技術力もない開発途上国に進出すれば、地域の産業は太刀打ちできずに消えるしかないのである。

　また、例えば同じ人間が同じ仕事をしても、日本では50万円の給料がもらえるのに、カンボジアでは2万円の給料しかもらえない。逆にカンボジアで、100円で買えるものが日本だと2000円するということもある。為替や物価ということを考えれば説明がつくのだが、やはりおかしなことである。しかし現実はこの差額で先進国や世界企業は大儲けしているのである。

　今や、世界は関係性のなかで成立している。開発途上国も例外ではない。貿易や人の行き来によって国が成り立っている。したがって、貧困になる大きな要因の1つが、貿易である。貿易は本来、社会を繁栄させ、家庭を豊かにするためにあるはずである。しかし、現実は、貿易をすることによって、貧しくなっていく人々がいる。なぜならば、今述べたように合法的搾取や非合法的搾取によって生産者が労働に対する公正な対価を得ていないからである。

　私たちは、世界でまかり通っている不公正を正していかなければいけない。しかしそれだけではなく、公正そのものにもメスを入れる必要がある。公正とは、「判断や言動などがかたよっていなくて、正しいこと」であるが、何をもって「かたよっていない」ことなのか、「正しいこと」なのかを弱者の立場で考えてこそ、真の公正の基準が見えてくるのである。

〔文献〕
・前林清和『開発教育実践学—開発途上国の理解のために—』昭和堂　2010年

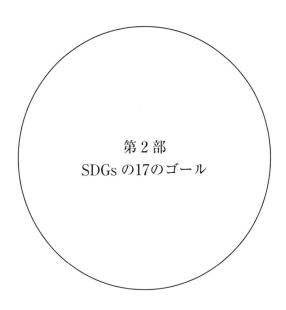

第 2 部
SDGs の17のゴール

貧困をなくそう

1番目のゴールは、「あらゆる場所で、あらゆる形態の貧困に終止符を打つ」である。

1．貧困の世界の状況

　SDGsの17ある目標の一番初めに掲げられているのは貧困に関するものである。貧困に関する目標はMDGsでも目標1のなかに飢餓の問題とともに掲げられており、まだまだ完全なる解決への目処がたっていないということは明確である。

　貧困をUNDP（国連開発計画）は「教育、仕事、食料、保険医療、飲料水、住居、エネルギーなど最も根本的な物・サービスを手に入れられない状態のこと」と定義している。また世界銀行は、「1日1.9ドル以下で生活する人々」と定義している。UNDPの定義から分かるように、SDGsが目標としているものの多くが手に入れられない状態であると解釈することができる。つまり、貧困を解決するにはSDGsのその他の目標を解決することも非常に重要になってくる。

　貧困の問題に関してはMDGsの取り組みの成果もあり、世界的には改善傾向にあり、1990年には貧困層の数が18億9500万人であったのが、2015年には7億3600万人にまで減少している。しかし、改善傾向にあるとはいえ、まだ世界の人口のおよそ10％が貧困状態であり、10人に1人が貧困状態である。また、依然として開発途上国では、5人に1人が貧困状態にあると言われており、わずかの状況の悪化により、また貧困状態に戻ってしまう貧困ラインの少し上にいる人々も多く存在している。

	アフリカ地域	東アジア・太平洋州地域	ヨーロッパ・中央アジア地域	ラテンアメリカ・カリブ海地域	中東・北アフリカ地域	南アジア地域
■2000年	55.30%	29.70%	6.00%	11.80%	3.40%	38.60%
■2010年	46.50%	11.20%	2.40%	6.10%	2.30%	24.60%
▦2018年	41.00%	2.30%	1.50%	3.90%	4.20%	16.10%

図2−1−1　1日1.9ドル以下で生活する人の割合（世界銀行2019年次報告より筆者作成）

2．貧困の連鎖

　貧困に苦しむ人たちはなかなか、その貧困状態から抜け出すことができない。その理

由はなにか、決して彼らが怠けているからでも、さぼっているからでもない。貧困問題は、個人の問題ではなく、社会のシステムの問題で解決できない状態であるからである。

　いくら個人が貧困状態から抜け出そうと努力したとしても、国全体や居住する地域が貧しいと簡単に貧困から抜け出すことができない。貧困はただ単純に金銭的な問題だけで形成されているわけではないからである。

　例えば、家庭が貧しく、教育を受けられないから、給料の多い仕事に就けない、給料が少ないから、十分な食事が摂れない、栄養不足から病気になり、職を失ってしまう。職を失ってしまうから、収入がない（図2-1-2）。

　このようにして、貧困は連鎖し、悪循環に陥ってしまう。この貧困の連鎖を断ち切るためにはどこかの局面を打開し、改善することが重要であり、そのための支援が必要になるのである。

　例えば、「教育的視点から貧困の悪循環を打開しよう」と考えた場合、「学校と教師の整備」や「学校への交通アクセスの整備」を実施することで、「教育を受ける」ことができ、「文字が読み書きできる」ようになり、「良い職業に就く」ことで「良い収入を得る」ことができるようになる。

　このように、貧困の連鎖を断ち切るには、どこかの局面において支援を行うことが必要なのである。

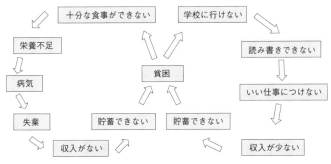

図2-1-2　貧困の連鎖
（『開発教育実践学』p73、昭和堂　2010年）

3．絶対的貧困と相対的貧困

　SDGs では、全世界で発生している、「貧困」と呼ばれる状態全てに対して終止符を打つという非常に dynamic な目標を掲げている。貧困は「絶対的貧困」と「相対的貧困」の大きく2種類に分けることができる。そして、絶対的貧困はサハラ以南のアフリカに集中している（図2-1-3）。

　前項で述べたように、食料や食料以外の生きるうえで必要最低限な資源を確保できる所得水準に届いていない状態を「絶対的貧困」と定義している。

地域	貧困ライン (PPP、ドル／日)	貧困率 (%)	貧困ギャップ (%)	2乗貧困ギャップ率	貧困層の数 (百万人)	総人口 (百万人)	調査対象割合 (%)
東アジア・大洋州地域	1.90	2.32	0.46	0.16	47.18	2,036.62	97.57
ヨーロッパ・中央アジア地域	1.90	1.47	0.40	0.18	7.15	487.04	89.86
ラテンアメリカ・カリブ海地域	1.90	4.13	1.54	0.92	25.90	626.57	89.84
中東・北アフリカ地域	1.90	5.01	1.28	0.50	18.64	371.65	64.63
その他高所得国	1.90	0.68	0.49	0.42	7.32	1,083.59	71.71
南アジア地域	調査データが限られているため、結果表示なし						21.35
サブサハラ・アフリカ地域	1.90	41.10	15.79	8.24	413.25	1,005.57	52.69
世界全体	1.90	10.00	3.10	1.49	735.86	7,355.22	66.71
世界全体 (高所得国を除く)	1.90	11.62	3.55	1.67	728.54	6,271.63	65.85

図2-1-3　国際貧困ラインに基づく地域別貧困率（2015年）（出典：世界銀行 HP）

　一方、居住する地域の大多数よりも貧しい状況を「相対的貧困」と定義している。具体的には、所得が居住する地域の中央値の半分を下回っている状態のことであり、日本だと、2018年の所得中央値が253万円であるため、その半分の127万円を下回ると「相対的貧困状態」であると言える。絶対的貧困は例えば「途上国」や「貧困」と言われた際に非常にイメージしやすい状態であるが、相対的貧困は一見すると貧困状態にあることがわかりにくく、また開発途上国だけでなく、日本を含む先進国でも存在し、近年、この相対的貧困は顕著になってきている傾向にあり、居住する各国内での所得格差が広がっていることも事実である。

4．日本の現状

　前項で述べた「相対的貧困」の問題は日本でも大きな問題となっている。OECD（経済協力開発機構）加盟37カ国中、日本は相対的貧困率でワースト11位（15.7％）（2016年）となっており、G7（主要7カ国）のなかでは、アメリカに次いでワースト2位となっている。

　日本の相対的貧困率は上昇の一途を辿っており、2000年中頃以降 OECD 平均を上回っている。そのなかでも目立つものは子どもの貧困である。

　日本における子どもの貧困率は、2018年時点で13.5％、およそ7人に1人の子どもが貧困状態であると報告されており、こちらの水準も G7 のなかで高水準である。特に母子家庭など、大人1人で子どもを育てる世帯での貧困率が48.1％にもおよんでおり、苦しい実態が明らかとなっている。

　先にも述べたように貧困は連鎖していくため、どこかでその連鎖を断ち切るための支援を行わなければならない。日本でも貧困に対して考える必要がある。

〔文献〕
・前林清和『開発教育実践学―開発途上国の理解のために―』昭和堂　2010年
・厚生労働省 HP
・世界銀行 HP

ワークショップ（KJ法）　—貧困を断ち切るためには？—

目的	貧困を断ち切るために必要な支援はどのようなものがあるか考え、貧困問題の解決を身近なものとして考えましょう。

対象	小学生以上

人数	30名程度、5人程度のグループに分けます。

手順	1．個人個人でカードに「私たちができる貧困を解決させる取り組みとは？」をテーマに思いつく方法をカードに思いつくだけ記入していきます。
	2．グループ全員のカードを見せ合い、それらのカードをグループで話し合いながら、近しい取り組みのものをまとめ、カードのグループ分けを行い、見出しをつけ、グループ間の関係性を明らかにします。それらを模造紙に図解し、最後にグループ内で討議の成果をまとめます。
	3．各グループがまとめた内容を発表し、講評し合います。
	4．振り返りシートの作成を行います。

【振り返りシート】

〈あなたは貧困を断ち切るために必要な取り組みは何だと考えましたか？〉

〈貧困を断ち切るためにあなたができる行動は何があると分かりましたか？〉

飢餓をゼロに

2番目のゴールは、「飢餓に終止符を打ち、食糧の安定確保と栄養状態の改善を達成するとともに、持続可能な農業を推進する」である。

1．世界の飢餓の状況

日本で生活していると飢餓状態に陥ることも、そのような状況の人を目にする機会も少ない。しかしながら世界には、食事が満足にできない状態で生活している人も多く存在している。国連WFPによると、世界人口の9人に1人に当たる約8億2100万人が飢餓状態にあるとされており、さらにそのうちの3人に1人は栄養不良に苦しんでいるとされている。

また、飢餓状態に苦しんでいる人の多くは、南アジア地域とサハラ以南のアフリカ地域に集中しており、全世界の栄養不良状態に苦しんでいる人口の3分の2がこの地域に集中している。国民の35％以上が栄養不足状態に陥っており、国家レベルで食料問題、栄養不良問題を解決していかなければならない国も多数存在している。

2．食料の生産状況と飢餓の原因

先に述べたように現在でも食料不足により多くの栄養不良状態の人々が存在することがわかった。しかし一方、「そもそも食料が十分に足りていないのではないか？」という疑問が生じるが、FAO（国連食糧農業機関）によると2017年時点で、世界の穀物をはじめとする多くの食料の供給は十分であり、需要と供給のバランスは均衡が取れていると報告されている。実際に穀物に関しては図2-2-1のように世界で均衡が取れている。

世界全体としては常に穀物には余裕があるにもかかわらず、なぜ飢餓が発生するのだろうか。それは、食料は決して平等には配分されないからである。

開発途上国は食料難で多くの人が飢えている一方、日本やアメリカ、ヨーロッパ諸国の先進国に住んでいる人間は、あり余る食料を確保し、国民は飽食の生活を営んでいる。そして、食べきれない多くの食料を廃棄しているのである。

実際に、図2-2-2からわかるように、食糧廃棄は開発途上国より先進国で多いことがわかる。ヨーロッパと北アメリカにおける1人当たりの食料ロスが280-300kg/年であることを示している。サハラ以南のアフリカと南・東南アジアでは120-170kg/年である。ちなみに、人の消費向け食料の1人当たり生産量は、ヨーロッパと北アメリカでは約900kg/年であり、サハラ以南のアフリカと南・東南アジアでは

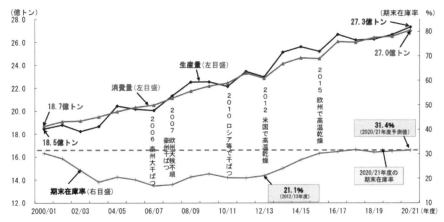

□ 穀物（コメ、とうもろこし、小麦、大麦等）の需給の推移

資料：USDA「World Agricultural Supply and Demand Estimates」（August 2020）、「PS&D」
（注）なお、「PS&D」については、最新の公表データを使用している。

図2-2-1　世界の穀物の需要の推移

460kg/ 年である。ヨーロッ
パと北アメリカで消費者に
よって捨てられる1人当た
りの食料は95-115kg/ 年で
あるが、サハラ以南のアフ
リカと南・東南アジアでは
6-11kg/ 年にすぎない。

このように食料は偏在し
ている。では、なぜ食料は

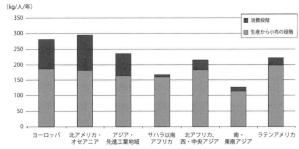

図2-2-2　各地域における消費及び消費前の段階での1人あた
り食糧のロスと廃棄量

平等に分配されず、飢餓が発生するのだろうか？　いくつかの要因があげられる。ま
ず1つ目は「自然災害」である。干ばつや地震、洪水、ハリケーン、火山噴火や冷害
などの自然災害によって農作物に影響を与え、農作物を収穫できず、結果、飢餓状態
に陥ってしまう。

2つ目にあげられるのは、「人為的な問題」である。例えば、戦争や地域紛争など
によって国が不安定な状態に陥り、資金不足やインフラの未整備の影響によって、住
民、国民に食料が行き届かない状態になる場合である。

このように様々な要因が複合的、継続的になると農業による生産性が低くなり、経
済活動が低迷し、多くの貧困層が生まれることになる。

一方、食料があっても、食料を手にできない状況も存在する。つまり、貧困状態の
ため、食料を購入できない。例えば、執筆時点で世界的に猛威を奮っている新型コロ
ナウイルス（covid-19）のように、世界的な感染症や災害が発生すれば、その貧困状
態はさらに悪化することになり、多くの人々の手に食料が行き渡らない状況が生まれ

てしまう。

　また、近年の異常気象の影響から、野菜をはじめとする食料の値段高騰により食料を購入できなくなり、その結果飢餓状態に陥ってしまう状況も生まれている。

3．畜産と穀物

　食料問題を考えるうえで、畜産についても考えておく必要がある。近年の食肉志向の高まりにつれ、畜産のあり方は注目をされている。

　経済的に成長し、国民1人当たりの所得が向上するにつれ、肉類の消費量は増加する傾向にある。中国をはじめ、先進国以外でも経済が発展している国で肉類の消費量が増加している。

　このように世界での肉の消費量が増えると、牛や豚、鳥を飼育するのに大量の穀物を使用することとなる。

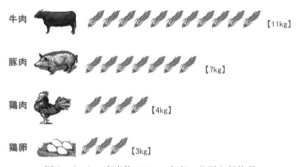

図2-2-3　畜産物1kgの生産に必要な穀物量
（出典）https://www.maff.go.jp/chushi/jikyu/pdf/shoku_part1.pdf

　図2-2-3からもわかるように、牛肉1kgを生産するのに、トウモロコシは11kg使用しなければならない。つまり、世界の国々が発展し、肉類の消費が増えれば増えるほど、食料問題は深刻化していくのである。なぜならば今まで人が口にしていた穀物はそのまま食料として消費するのではなく、畜産に使用されていくからである。

　このように、経済発展に伴う食肉嗜好が飢餓問題に拍車をかけているのである。穀物をそのまま消費すれば開発途上国にも食料として十分な生産量があるにもかかわらず、経済成長を遂げれば遂げるほど、穀物は畜産に使用されていくことになる。

　しかし、飢餓問題を食い止めるために、「食肉をやめるべきだ」というのはあまりに暴論であろう。実際に私たちも「肉を食べてはいけない」または「著しく量を減らせ」と言われてもそう簡単にできないだろう。

　世界の人々が今後、持続可能な社会をつくり、世界の人々が十分な食料を口にできるようにしていくことと、食の贅沢さの追求というアンビバレントな状況を今後どうしていくべきか、大きな課題である。

〔文献〕
・前林清和『開発教育実践学―開発途上国の理解のために―』昭和堂　2010年
・国連食糧農業機関 HP
・農林水産省 HP

ワークショップ（ポスター）　―食料問題改善プログラム―

目的　先進国、途上国に限らず世界で発生している食料問題改善プログラムを作成しましょう。そのために食料問題の現状について調べ、まとめることで、世界が直面している食料問題について考えましょう。

対象　小学校高学年以上

人数　30名程度

手順
1．3〜4名程度のグループをつくり、各グループ、進行役、筆記係、調べがかりを決定します。あまり人数が多いと、作業に参加しない人が出てくるので、全員が何らかの役割を持てるよう、少人数のグループを編成します。
2．書籍や、インターネットを用いて、世界の食料問題について調べ、模造紙になるだけ空白ができないようにまとめ、食料問題改善プログラムの作成を行います。
3．まとめ終わったら、そのポスターを掲示し、発表をしましょう。

ポスターセッションの様子（筆者撮影）

すべての人に健康と福祉を

3番目のゴールは、「あらゆる年齢のすべての人々の健康的な生活を確保し、福祉を促進する」である。

1．健康とはなにか

"健康" とはそもそもどのような状態なのであろうか。1946年の世界保健憲章において世界保健機関（WHO）は健康を以下のように定義している。

健康とは、完全な肉体的、精神的及び社会的福祉の状態であり、単に疾病又は病弱の存在しないことではない。

つまり、健康とは、病気にかかっているということや虚弱でないということだけではなく、身体の体力値が高く、精神的にも社会的にも安定しており、全体のバランスが取れた状態ということである。

しかし、途上国を中心に身体的な健康が確保できない状態がある。ここでは、開発途上国の現状を中心に見ていくことにする。

2．平均寿命

健康の目安としてまずあげられるものは「寿命」である。寿命には栄養状態、病気、生活環境、所得や国における医療レベルなどが影響している。これらの条件が満たされているほど、寿命は長くなり、逆に満たされていなければ寿命は短くなる。そしてそれらが満たされていない人の多くは開発途上国に存在している。

先進国の多くが加盟している OECD 加盟国の平均寿命は約81歳であるが、世界でも特に開発が遅れているとされている後発開発途上国の平均寿命は約61歳と低く、先進国との差は20歳にもなる。サハラ以南のアフリカ地域の人々の多くは特に平均寿命が短く、50歳前半の国も多く存在する（図2-3-1）。実際に、平均寿命が短い国の

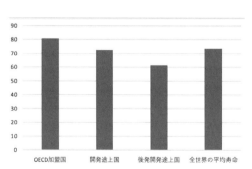

図2-3-1　世界の平均寿命（2018年）（世界銀行データより筆者作成）

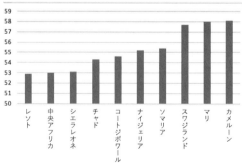

図2-3-2　平均寿命ワースト10ヵ国（2018年）（世界銀行データより筆者作成）

ワースト10は全てアフリカ地域に属している（図2-3-2）。

　しかし、この10年で世界の平均寿命が大きく伸びていることも事実である。

　SDGsの前身であるMDGsの取り組みが始まった2000年の世界の平均寿命は67.5歳であったが、2018年には72.6歳と5歳以上平均寿命が伸びている。そしてその伸び率は後発開発途上国で目覚ましく、例えば、シエラレオネの2000年の平均寿命は39.4歳であったが2018年には54.3歳と実に15歳も平均寿命が伸びている。平均寿命は地域や国によって差は確かに生じているが、世界の歴史上、現代が最も長く生きられる時代であるということもまた事実である。そして、今後も医療の発展や保健教育の推進により、世界の平均寿命はますます伸びていくだろう。

３．健康寿命

　人々の平均寿命は住んでいる国によって大きな違いがあること、また平均寿命は大きく伸長していることが分かった。同様に健康寿命についても考えてみる必要がある。

　健康寿命とは、寝たきりや認知症を患ったりするなどの介護状態の期間を差し引いた期間である。平均寿命は、「寝たきり」や「認知症」の期間を含んでいるため、実際の健康な期間との間に大きな差が生じている。

　厚生労働省によると2016年の日本人の平均寿命は男性で80.98歳、女性で87.14歳となっており、世界でもトップクラスである。また、同年の健康寿命は、男性が72.14歳、女性が74.79歳であり、平均寿命と健康寿命の差は男性が8.84歳、女性が12.35歳となっている、つまり、「寝たきり」や「認知症」などによって介護状態の期間が男性で約9年、女性で12年続くことになる。

　このような事実から、日本をはじめとする先進国の多くは、この「平均寿命」と「健康寿命」の差を縮めていく取り組みを進めており、超高齢化社会に突入しつつある日本にとってもこの課題は喫緊の問題である。

４．子どもの命、母の命

　女性にとって、出産は命をかけた大仕事である。同時に子どもは小さな命を授かり、生まれてくる。しかし、ヒトの子どもは身体的未熟児として生まれてくる。例えば、鹿の子どもは生まれてすぐに立ち、歩こうとするが、ヒトは二足歩行を始めるまでに生まれてから1年ほどの時間を要する。つまり、ヒトは他の動物と比べ、非常に危うい状態で生まれてくる。それゆえに、周りからの十分な庇護が必要なのである。

　しかし、せっかく生まれながらも、残念ながら2016年には5歳の誕生日を迎えるまでに亡くなってしまった子どもが564万人も存在している。その多くは、後発開発途上国が多く点在している南アジア地域とサハラ以南のアフリカ地域に集中しており、全体のおよそ8割に当たる457万人となっている（図2-3-3）。また国による差も著しい、ユニセフによれば日本の5歳未満時死亡率（千人あたり）は3であるが、最も死亡率の高いソマリアは133と実に44倍もの差が生じる。

　次に女性が妊娠、出産を原因として死亡する危険がどれほどあるのかを見ていくと

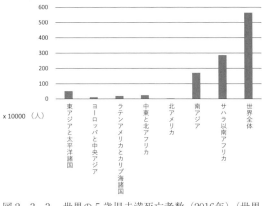

表2-3-1　女性が妊娠・出産で死亡する危険性	
東アジアと太平洋諸国	930人に1人
ヨーロッパと中央アジア	3400人に1人
ラテンアメリカとカリブ海諸国	670人に1人
中東と北アメリカ	400人に1人
北アメリカ	4100人に1人
南アジア	200人に1人
サハラ以南のアフリカ	36人に1人
後発開発途上国	52人に1人
世界全体	180人に1人

図2-3-3　世界の5歳児未満死亡者数（2016年）（世界子ども白書より筆者作成）

表2-3-1のようになる。

　世界全体で、女性が妊娠・出産が原因で180人に1人が命を落としている。日本では1万3400人に1人、ポーランドでは2万2100人に1人が命を落としている。しかし後発開発途上国ではその確率は高まり、52人に1人が命を落としており、更にサハラ以南のアフリカにまで限定すると36人に1人の妊婦が命を落としている現実がある。

　このように、特に開発途上国では各国の医療や栄養状態、また教育をはじめとする生活環境によって、生まれる国が違えば奪われることのなかった妊婦や子どもの命が失われているのである。

5．予防接種

　子どもの命を救う方法として非常に有効なものに予防接種があげられる。予防接種は、子宮頸がん、ジフテリア、B型肝炎、麻しん、ロタウイルスによる下痢症、風しん、破傷風などの疾病を予防し、障害や死亡を防ぐことができる。

　現在世界でのワクチン摂取率は86%であり、この数字は近年大きな変移を見せておらず停滞している。予防接種により、救えている命は年間200万人～300万人と言われており、接種率が改善されれば、さらに150万人の命を救うことができるとされているが、世界にはまだ、1950万人の幼児が予防接種を受けることができていない現状がある。予防接種の摂取率をさらに上げることで、救える命がまだあるのである。

〔文献〕
・世界銀行　HP
・厚生労働省　HP
・ユニセフ　HP
・世界保健機構（WHO）HP
・前林清和『開発教育実践学―開発途上国の理解のために』昭和堂　2010年
・前林清和、江田英里香、須釜幸男、田中綾子、上谷聡子『アクティブラーニング―理論と実践―』デザインエッグ　2015年

| ワークショップ（ブレインストーミング） | ―途上国の子どもの命を守るのに必要なことは？―

| 目的 | 途上国では5歳未満児の死亡率がまだまだ高い事実から、その死亡率を改善するためにはどのような取り組みがあるかを考えましょう。

| 対象 | 小学校高学年以上

| 人数 | 30名程度

| 手順 |
1．4〜6名のグループをつくり、各グループ、進行役と記録係を決定します。
2．「途上国の子どもの命を守るには？」をテーマに全員が自由にアイデイアや意見を出し合い、全ての意見を黒板やホワイトボードに書き出します。
3．一巡目の発言は進行役が順番に当てて、発言を促すが、全員が発言した後は、自由に意見を出し合います。
4．グループとしての意見をまとめましょう。意見は1つにまとめる必要はなく、複数の案を出しても良いです。また、複数の意見を組み合わせたり、改良したりするなどしてまとめても良いです。

| 留意点 |
1．他人の意見を否定してはいけません。また、否定的な評価も行わないようにしましょう。
2．全員から何度も意見が出ることが重要であるため、なるだけ少数でグループをつくりましょう。
3．多くの意見を促すため、1つの意見はなるだけ端的に述べるようにしましょう。
4．進行役は、同じ人が長時間話すことで他の人が意見を話す機会を奪わないように注意しましょう。
5．自分の意見がどのように思われるかは気にせず、自由な発想で思ったことは自由な発想で全て話すよう心がけましょう。

ブレインストーミングの様子（筆者撮影）

質の高い教育をみんなに

4番目のゴールは、「すべての人々に包摂的かつ公平で質の高い教育を提供し、生涯学習の機会を促進する」である。

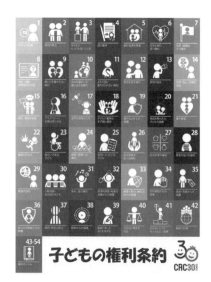

図2-4-1　子どもの権利条約

1．世界の教育問題

　国連が1990年に発効した「子どもの権利条約」で明らかとなっているように、子どもにとって教育を受けることは人権の1つである。つまり、全ての子どもは生まれながらにして教育を受ける権利を有しているのである。しかしながら、世界には教育を受けることができず、母国語の読み書きさえままならない子どもたちが存在している。

　教育は、自身の可能性を広げ、またその可能性を実現させるために必要不可欠なものであり、個人の問題だけでなく、社会や国家さらには世界を変え、発展させるものなのである。特に開発途上国の発展を考えた時に、教育活動は非常に重要なものとなる。本項では、そんな開発途上国を中心に教育の現状について見ていく。

2．就学率

　世界では5歳〜17歳の子ども2億6200万人、約5人に1人が学校に通えていない現

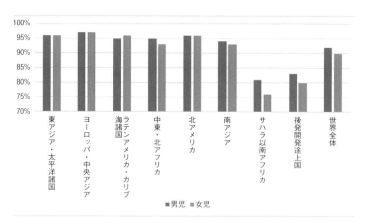

図2-4-2　初等教育就学率（世界子ども白書2019より筆者作成）

状がある。また、初等教育つまり、小学校に通うべき就学年齢にもかかわらず小学校に通っていない子どもは世界に6700万人存在しており、図2-4-2に見るように、その多くは開発途上国、特にサハラ以南のアフリカ地域に集中しているのである。世界全体では90%以上の子どもたちが小学校へ通っているにもかかわらず、後発開発途上国、またサハラ以南のアフリカ地域では80%程度の水準となっており、また、のちに述べるが男児と女児の間にも就学率に差が生じている。

3．サバイバル率

　開発途上国においては、小学校に入学しても、学校への登校を辞めてしまい、卒業できない現状がある。入学者に対する、落第経験のない卒業者の比率をサバイバル率と呼ぶが、初等教育を終了した人数の割合が、世界全体では、男児・女児ともに83%であったが、サハラ以南のアフリカ地域では男児・女児ともに64%、開発途上国では男児・女児ともに60%と小学校に入学したにもかかわらず、およそ30～40%の子どもたちが学校を卒業できない現状がある（図2-4-3）。

　貧しい家庭では10歳前後の子どもは働き手として家計を助けるために就業に就くことが多い。低学年のうちは学校へ通わせてもらえるが、高学年になると本人が勉強をしたくても、家計を助けるために働かなければならない現実がある。また国によっては1年生の時から進級試験があり、その進級試験で不合格になると、家計を圧迫することになり、やむなく子どもを辞めさせるより仕方がないという現状もある。

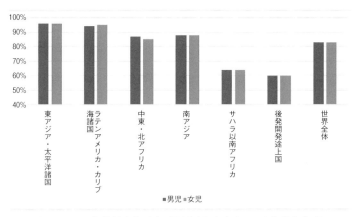

図2-4-3　初等教育終了率（世界子ども白書2019より筆者作成）

4．識字の問題

　学校に通えないということは、勉強の基本である、「読み書き」を学べないということである。現在でも小学校に通えない子どもが数多くいる。ということは、その子どもの親や祖父母の多くも学校に通っていないであろうことは想像に難しくない。

つまり、この世界には非常に多くの非識字者、つまり文字が読めない、書けない人が存在するのである。文字が読めないということは、体調を崩したとしても、どの薬を飲むべきなのかがわからないし、道路の標識を読めないため、目的地へ向かうことも困難である。このような日常生活に関わる点で苦労することはもちろんだが、文字が読めなければ新聞や雑誌を読むことも、資料を読むこともできない。となると、今までの歴史を紐解くこともできなければ、世界で起こっている様々な出来事を理解することも困難である。識字によって、自分の考えや思考に広がりを持たせることができ、それによって、自身の行動を変えることもできるのである。

5．識字率の現状

　国連におけるSDGs報告2019によると、成人の非識字者の数は世界の15歳以上の6人に1人に当たる、約7億5000万人とされており、ユネスコの寺子屋運動[1]などの取り組みの成果から識字率の改善が見られるが、世界にはまだまだ多くの非識字者がいる。

　図2−4−4からわかるように、現在の世界の若者の識字率は男性92％、女性88％である。まだ世界の約1割の人々は文字の読み書きができないのである。識字率は国、地域によって非常に大きな差が生じている。日本を含む先進国の識字率は限りなく100％に近く、国連やユニセフ等も100％であることを前提としているため、世界的な調査さえ行われていない。それに対して識字率の低いのは開発途上国であり、後発開発途上国での識字率は男性が81％、女性が73％。地域別に見ると、サハラ以南のアフリカ地域が最も低く男性80％、女性72％となっている。また国別で見ると、ニジェールでは男性の識字率が49％、女性の識字率に至っては32％と国民の半数以上が文字の読み書きができない、このような状況であると国を繁栄させることは非常に困難であると想像できる。

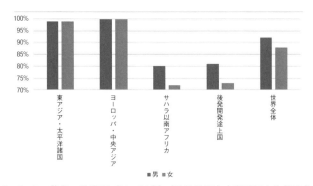

図2−4−4　若者の識字率（18〜24歳）（世界子ども白書2019より筆者作成）

1）　ユネスコの理念のもとで人々の善意に基づいて「教育を受ける権利」の普遍化を目指す民間の養育支援運動 https://www.unesco.or.jp/activities/terakoya/ 最終アクセス2020年11月20日

6. ジェンダー格差

日本では、教育分野においての男女差はほぼない。男性だから教育が受けられ、女性だから教育が受けられないという経験はないだろう。しかしながら、開発途上国に目を向けると、女性が極端な不利益を被るような格差が生じているのである（図2-4-5）。

実際に、SDGsの目標4「質の高い教育をみんなに」の項目にあるターゲットを見てみると、「男女の区別なく」や「ジェンダー」という文言が目に付く。つまり、現在、世界的には教育に関しては男女に差が生じている。

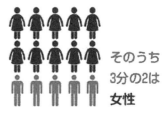

図2-4-5 SDGs報告2019より

具体的には、世界の識字率の男女比で見ると、世界の非識字者7億5000万人のうちの3分の2が女性である。

このようなジェンダー格差が生じる要因としては以下のようなものがある

① 開発途上国、特に農業地帯における女性の労働時間が長く、教育を受ける機会が少ない。

② 女性は、家に閉じ込められるケースが多い。

③ 男性の家庭内での権威を保持するために女性に教育を受けさせない。

先にも述べたように日本をはじめとする先進国では教育の機会に男女差はないと言って差し支えない。しかし、日本や他の先進国も初めから男女が平等に教育を受けられたわけではなく、女性が教育上差別されてきた歴史がある。それを改善しようと国や市民が声をあげ、行動した結果、今がある。

開発途上国においても、教育における男女差別をなくす努力が必要なのである。

7. 教育は何を与えるか

国として教育の改善を行ったとしても、その成果はすぐには出ない。教育を受けた子どもたちが大人になるまで20年、30年と成果は現れないのである。しかもその効果の現れ方は目に見えにくく、また国や地域が良くなったとしても、その成果は教育によるものなのかどうかを明らかにすることはできない。

しかし、子どもたちがしっかりとした教育を受けることで、目標に向かって努力すること、生きていくことができる。その積み重ねが子どもや国家の成長、社会の発展につながるのである。目の前の繁栄だけを考えるのであれば、学校へ行く時間を家業の手伝いに充てた方が良いかもしれない。しかし、人間は未来を常に見据えながら生きている。これはヒトにのみ与えられた特別なものである。

常に未来を見据え、まだ見ぬもの、そして見えぬものに投資していく世の中であってほしいと切に願う。私たちの生きるこの時代も、そうした先人たちの取り組みの歴史の上に成り立っているのだから。

〔文献〕
・ユニセフ　HP
・unic　HP
・子供の権利条約
・前林清和『開発教育実践学—開発途上国の理解のために—』昭和堂　2010年

ワークショップ（ゲーム）　─文字が読めないってどんな感じ─

目的　　非識字者の不自由さを模擬体験することで、識字の必要性を理解します。
　　　　　開発途上国の教育や識字の現状をどのようにすれば改善できるのか、改善させ
　　　　　るために何ができるかを考えましょう。

対象　　小学校高学年以上

人数　　12〜36名

手順　　1．原則として6人1チームで構成します。
　　　　　2．参加者は、机とセットになった椅子にグループごとに座ります。
　　　　　3．後ろにテーブルを置き、問題カードを複数枚置いておきます。
　　　　　4．最も後ろに座っている人からスタートします。
　　　　　5．1回につき10分で行います。
　　　　　6．最も後ろの人は、カードに描いてある絵と文字を見て、それらを覚えて自
　　　　　　　分のカードに描き、前の人の肩を叩いて後ろを向いてもらい、見てもらう
　　　　　　　ことで伝えます。
　　　　　7．次の人からは、順次、自分の描いたカードを前の人に見てもらいます。見
　　　　　　　た人は前を向いて自分のカードに同じことを描き、次に伝えていきましょう。
　　　　　8．1番前の人は、自分のカードに答えを描いた時点で手を挙げます。手が挙
　　　　　　　がるのを見て、最初の人は次のカードを見に行き、それを覚えて、先と同
　　　　　　　じ要領で前の人に伝えます。
　　　　　9．伝え方は、「字の読み書きができるチーム」はカードに文字を書いて前の
　　　　　　　人の肩を叩き、後ろを向いてもらい、内容を覚えてもらいます。
　　　　　　　「字の読み書きができないチーム」はカードに絵を描いて前の人の肩を叩
　　　　　　　き、後ろを向いてもらい、内容を覚えてもらいます。ともに、一度前を向
　　　　　　　いたら後ろを振り返ってはいけません。
　　　　　10．ゲーム中に声を出してはいけません。
　　　　　11．ゲームが終了したら答え合わせを行い、伝えた枚数と正解率を出します。

振り返り　このゲームを通じてわかったこと、思ったことを発表してもらいましょう。

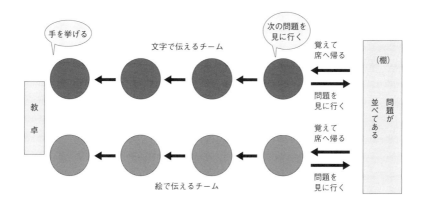

ジェンダー平等を実現しよう

5 ジェンダー平等を実現しよう

5番目のゴールは、「ジェンダー平等を達成し、すべての女性と女児のエンパワーメントを図る」である。

1．ジェンダーってなに？

「ジェンダー」とは、生物学的な男女の違いではなく、生き方、役割、特性、関係性、性別分業などに関して、社会のなかで共有されている考え方や価値観、社会規範や社会意識などと、それらと関連してつくりだされている社会制度や社会構造における性のありようを指す。例えば、社会一般で使われる「女性らしさ」や「男性らしさ」といった共通の認識や、女の子はピンク、男の子はブルーといったシンボルカラーも社会的につくられたジェンダーである。

国や地域によっては、女性であるがゆえに極端に不利益を被るなどのジェンダー格差が存在している。

2．教育におけるジェンダー

先進国の国々では、教育におけるジェンダー格差は非常に少ない。一方で、開発途上国の国々では、女性であることによって十分に教育を受けることができない状況が依然続いている。例えば、図2-5-1に示すように成人の非識字者の割合は男性37％に対して、女性は63％と多い。また、小学校に通うことのできていない子どもたちは世界に約5900万人いるが、そのうちの約3200万人が女児となっており、その半分以上を占めている。特にその多くがサハラ以南のアフリカの国々が占めている（UNESCO, 2019）。

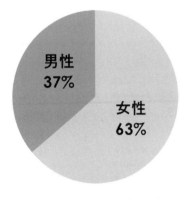

図2-5-1　成人の非識字者の割合
（UNICEF, 2017）

女子の教育を妨げる原因としては、①社会・文化的慣習や規範によるもの、②不十分な法整備、③家庭の経済的問題、④プライバシーが守られた、男女別のトイレの欠如、⑤女子が暴力や搾取、体罰などにあう可能性があるなど、安全が守られていない、⑥女性教員の不足、⑦宗教上の理由などがあげられる。

女子の教育は、教育を受ける権利はもちろんのこと、それ以外にも児童婚をする可能性や出産妊娠時の死亡率を低下させたり、自立につながる知

識やスキルを得ることができることから、今後ますます重要となってくると考えられる（UNESCO）。

3．伝統的な慣習におけるジェンダー

世界では、地域の様々な伝統や慣習が、女性や女児の健康や子どもの権利を奪うなど大きな影響を及ぼしている。

ユニセフは、18歳未満での結婚、またはそれに相当する状態にあることを児童婚と定義している。世界では約7億5000万人の女性と女児が18歳未満での結婚をしており、そのうち約2億5000万人が15歳未満での結婚となっている。これらの結婚は、本人同士が望んだものではなく、親によって結婚させられたり、誘拐されて結婚されるケースがほとんどである。

児童婚により、女児は学校に通うことができず、妻として家の仕事を担うことになる。また、未成熟の身体での妊娠・出産によって流産や妊産婦死亡リスクが高まったり、場合によっては出産時に起きる合併症のバース・フィスチュラ（瘻孔）によって身体的・精神的に傷つきながらも社会や家族から見放されることもある。

また、アフリカや中東やアジアの一部の国々では、女性の性器の一部を切除する女性性器切除（Female Genital Mutilation：FGM）も伝統的に行われてきた。これは、大人の女性になるための通過儀礼・結婚の条件として幼児期から15歳ころまでの女の子の性器の一部を切除するものである。不衛生な環境のなかで行われることも多く、出血や感染症などの命のリスクもあり、女の子たちに強い恐怖と心の傷を残している。新型肺炎コロナウイルスの感染拡大により学校が閉鎖中のソマリアでは、女の子が家にいる時間が増えたため、女性性器切除の機会が増加している（プラン）。

写真2-5-1　女性性器切除の施術者の女性が、切除に用いる刃を手にしている（エジプト）

出典：ユニセフHP

4．経済活動および政治や社会参加におけるジェンダー

世界経済フォーラムは2006年から毎年、「健康」、「教育」、「経済活動」、「政治」という4分野を指標として、対象国における男女間の格差（ジェンダーギャップ指数）を評価している。日本は2020年では世界153カ国中121位とジェンダー格差の大きい国として報告されている（世界経済フォーラム）。

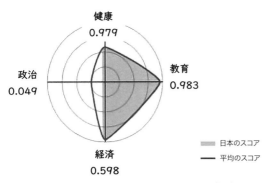

図2-5-2　日本のジェンダーギャップ指数
出典：Global Gender Gap Report 2020

　日本の順位が低い理由は、政治分野つまり、女性の政治参加の低さによるものである。2020年10月現在の菅内閣における女性閣僚は、20人中2人と非常に少ない。同様に、日本の国会議員も世界の国々と比較すると非常に少なく、日本の男女比がおおよそ5割であることを考えると、男女平等とは程遠いことがわかる。

　このほか、経済活動に関して言えば、企業の役職に占める女性の割合が少なかったり、非正規雇用における女性の割合が大きいこと、また、家事や育児などの無給労働の多くを女性が担っていることも指摘されている。

　また、日本よりもジェンダーギャップ指数の低いサウジアラビアでは厳格なイスラム教を国教としており、「男性は女性を保護しなければならない」という考えのもと、女性の社会での自由と権利が奪われてきた。女性の自動車運転が禁止されたり、海外渡航をはじめ結婚や離婚、教育、就労などには男性の親族の「後継人」（男性後継人制度）の許可が義務付けられてきた。2018年に女性の自動車運転の禁止が、2019年にはパスポート取得における男性後継人制度が撤廃され、少しずつであるが女性が家庭から社会に出ることが制度上可能になってきている。

〔文献〕
・UNESCO（2019）"Fact Sheet no.56"
・UNICEF　https://www.unicef.or.jp/ 最終アクセス2020年11月20日
・プランインターナショナル　https://www.plan-international.jp/ 最終アクセス2020年11月20日

ワークショップ（ワールドカフェ）

ワールドカフェとは、カフェのようなリラックスした雰囲気の中で、4〜5人の少人数に分かれたテーブルで自由な対話を行い、一定時間が過ぎれば、他のテーブルとメンバーを入れ替え対話を繰り返し行う対話手法の1つです。参加人数が多くても全員の意見や知識を集めることができることがメリットです。

1. 準備
   テーブルごとに模造紙とペンを用意します。ドリンクやお菓子、花などを用意することでカフェのような雰囲気を作り出すこともできます。

2. 【第1ラウンド】…テーマについて掘り下げる
   4〜5人の少人数に分かれます。お互いの自己紹介をした後で、テーマに基づいて、テーブルに置かれた模造紙にペンで自由にメモをしながら話し合いましょう。この時に、誰がテーブルホストとなるかを決めておきましょう。
   テーマは何でも構いませんが、例えば「身近にあるジェンダー（男・女であることで受けた嫌だったこと）」など、話しやすいテーマを選ぶと良いでしょう。

3. 【第2ラウンド】…意見のやり取りをする
   第2ラウンドでは、テーブルホストとなった1人を残し、他のメンバーはテーブルに自由に移動します。できる限り他のメンバーは同じテーブルにならないように気を付けます。
   それぞれのテーブルでは、新たなメンバーで自己紹介をした後で、テーブルホストがそのテーブルで話し合われた内容を説明します。そして、その後同じテーマについて新たなメンバーで話し合いを続けます。この時も、テーブルの模造紙にペンを使って自由にメモをしましょう。

4. 【第3ラウンド】…気づきや発見をまとめる
   第3ラウンドでは、全員が最初の第1ラウンドの場所に戻ります。第2ラウンドで移動したテーブルで話し合った内容やそこで得た情報をもとに意見やアイディアを出し合いましょう。

5. 【全体セッション】…集合的な発見と、意見の共有をする
   参加者全体での話し合いの場を作り、それまでに出てきたグループごとの意見やアイディアを全体に共有します。

安全な水とトイレを世界中に

6番目のゴールは、「すべての人々の水と衛生へのアクセスと持続可能な管理を確保する」である。

1．地球にある水

　地球は、水に満ち溢れている。しかし、そのうち約97.5％は海水であり、淡水は約2.5％しかない。このうち約70％は南極や北極、氷河にある氷である。そして、実際に飲み水として使えるのは、全体のわずか0.01％に過ぎない。そのわずかな飲み水が、生活排水や工業廃水や農薬などの人間による水質汚染によって減少している。水は、本来、自然循環のなかで浄化されるが、その浄化能力を超える有害物質や有機物が含まれると、水質汚染が起こる。水質汚染は人間の飲み水だけではなく、海や川に生息する生物全てを汚染することになる。

　世界の人口が増加するなか、水資源は限りがある。水質汚染を如何に食い止めるかが、人類の早急の課題といえる。

　水は、国境とは関係なく地球全体に循環しており、一国で解決できる問題ではなく、全ての国、全ての人々の水環境を改善する意識と行動が望まれる。

2．飲み水

　日本では、飲み水は蛇口をひねれば出るし、その水をトイレで流し庭にまく。しかし、このような生活を送れるのは世界のなかでほんの一部の人間であり、多くの人々、特に開発途上国の人々は安全な飲み水を手に入れるのに苦労している。

　2000年以降2017年までに、世界では新たに18億人が基本的な飲み水の提供を受けられるようになったが、未だに、安全な飲み水を自宅で使用できない人が世界の人口の約29％、22億人もいる。そのうちの、7億8500万人は自宅から30分以内に飲み水を汲んでこられない状況にあるのだ。その多くはサハラ以南のアフリカ、東アジア・東南アジア、中央アジアの人々である。そして、このうちの2億600万人は往復で30分を超える時間をかけて水を汲みに行かなければ安全な水が手に入らない。さらに、4億3500万人もの人が、不衛生な井戸や地表水からしか水を得られない。さらに酷いことに、残りの1億4400万人は、河川や湖、池などから直接汲んだ未処理の水を飲んでおり、その半数以上がサハラ以南のアフリカの人々である。また、都市部と村落部には歴然とした差があり、村落部に暮らす10人中8人は、自宅から30分以内に飲み水を汲んでこられない状況にある。国別に河川や湖、池などから直接汲んだ未処理の水を飲

んでいる人を見ると、パプアニューギニアが51％、ケニアが20％、アンゴラが15％となっている。

　観点を変えて見てみると、2016年の時点で、世界の学校の31％が基本的な飲み水を提供できず、世界の医療施設の26％に水道がない。

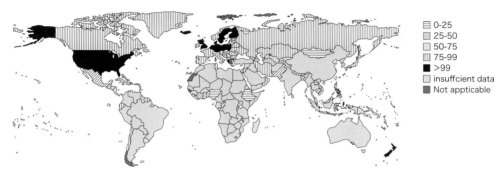

図2-6-1　安全に管理された飲み水を利用できる人の割合（2017年）（出典：日本ユニセフ協会HP）

3．トイレ

　日本では、ほとんどの家で水洗トイレが普及し臭いもしない清潔なトイレを使っているが、世界を見渡せばトイレそのものがない国や地域であふれている。

　2000年以降2017年までに、新たに21億人が自宅でトイレを使用できるようになった。しかし、未だに安全に管理されたトイレを使用できない人が、世界の人口の約55％、約42億人もいる。そのうちの約20億100万人は自宅でトイレさえ使用できていない。そのうちの70％が村落部に暮らす人で、3分の1が後発開発途上国の人々である。さらに、そのうち6億7300万人は、道端や野原などの屋外で排泄しているのが現状である。しかも、人口増加が著しい開発途上国の39カ国で屋外排泄をする人の数が増えており、そのほとんどはサハラ以南のアフリカである。屋外で排泄する人の割合の多い順を国別で見ると、ニジェール68％、チャド67％、南スーダン63％であり、全

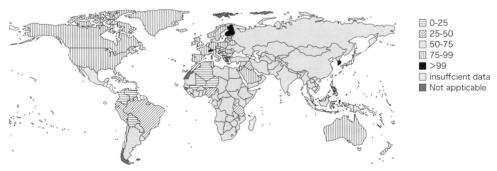

図2-6-2　安全に管理された衛生施設（トイレ）を利用できる人の割合（2017年）（出典：日本ユニセフ協会HP）

てサハラ以南のアフリカである。また、2016年の時点で、世界の学校の34％に、医療施設の21％にトイレがない。

４．手洗い

2017年において、自宅に水と石鹸がある手洗い設備がない人が世界の約40％、約30億人いる。そのなかでも14億人は自宅に全く手洗いの設備がない。特に、後発開発途上国では、47％が手洗いの施設がないのが現状である。国別に見ると、リベリアで97％、レソトで95％、ギニア・ビザウで89％、ルワンダで86％、カメルーンで85％、コンゴ民主共和国で84％の人が自宅に全く手洗いの設備がない。これらは全てサハラ以南のアフリカに位置する国々である。一方、2016年の時点で、世界の約47％の学校が水と石鹸で手を洗う設備がなく、医療施設の16％に手洗い設備がない。

５．水やトイレが原因の病気

世界では、安全でない水、不適切なトイレ、劣悪な衛生環境に起因して多くの子どもが下痢になっている。その結果、毎年30万人の５歳未満児が、命を落としている。日本では、下痢性疾患で死ぬことはほとんどない。しかし、開発途上国では、下痢になっても治療が受けられず、ひどい脱水症状を起こし亡くなっているのである。さらに、紛争下にある国の子どもたちは、戦闘に巻き込まれたり、暴力を奮われたりすることで命を落とすよりも、水や衛生的な環境の欠如による下痢性疾患で命を落とす可能性のほうが高いとされている。

６．学校に行けない子どもたち

水を確保するために、１日に何度も水を汲みに池や川へ行く担い手となるのは、ほとんどが女性や女の子どもである。この水汲みの時間の浪費によって学校に行けない子どもたちが開発途上国にはたくさんいるのである。また、学校にトイレがないために学校に行けない少女もたくさんおり、そのことが、教育の機会を奪うことになっている。

〔文献〕
・前林清和『Win-Win の社会を目指して—社会貢献の多面的考察—』晃洋書房　2009年
・Progress on Drinking Water, Sanitation and Hygiene Update and SDG Baselines 2017 unicef 2017年
・Progress on household drinking water, sanitation and hygiene I 2000-2017 Unicef　2017年

ワークショップ（フォトランゲージ）　—水を汲む少女たち—

1．写真を見て物語を作ってみましょう。

出典：JICA HP

子どもの 気持ちは	
親の気持 ちは	
物語	

2．発表しあって、私たちに何ができるか意見を交換しましょう。

エネルギーをみんなにそしてクリーンに

7番目のゴールは、「すべての人々に手ごろで信頼でき、持続可能かつ近代的エネルギーへのアクセスを確保する」である。

1．世界のエネルギー

　現代社会において、エネルギーは経済活動や社会活動など人間の営みにとってもっとも基礎的なインフラであり、人々が生きていくうえでは不可欠なサービスである。

　図2-7-1のように、エネルギーの消費量は、世界人口の増加と経済成長、特に中国やインドなどの新興国の需要の急増によって増加の一途をたどっており、しかも全エネルギーのうち約85％が化石燃料によるものである。しかし、石油や石炭、天然ガスなどの化石燃料には限りがあり、エネルギーの需給関係が逼迫すると予想されている。

　また、化石燃料は世界に均一に埋蔵されているわけではなく偏在している。図2-7-2のように、原油確認埋蔵量はサウジアラビアやイラクなどの中東と南北アメリカだけで世界の約80％を占めている。したがって、石油資源のない国は、エネルギーの安定供給の確保が難しく、日本のようにエネルギーの90％以上を国外のエネルギー資源に頼る国は安全保障上の問題も含め、非常にリスクの高い立場にある。どういう

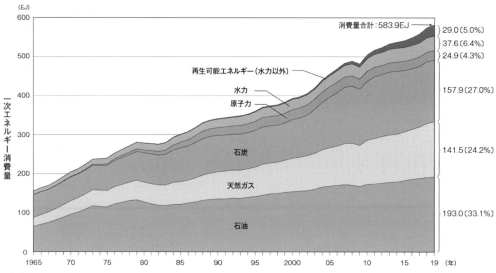

（注）四捨五入の関係で合計値が合わない場合がある
　　　〔　　〕内は全体に占める割合
　　　1 EJ（＝10¹⁸j）は原油約2580万 kℓの熱量に相当（EJ：エクサジュール）
　　　　図2-7-1　世界の一次エネルギー消費量の推移（出典：電気事業連合会HP）

ことかと言えば、日本の石油のほとんどは情勢の不安定な中東からの輸入であり、その輸送経路も、ホルムズ海峡やマラッカ海峡といったチョークポイントを通過しなければならないのである。

また、化石燃料は、燃焼時の二酸化炭素排出による地球温暖化をはじめ、有毒ガスの排出による大気汚染など地球環境にも悪影響を及ぼしている。特に、新興国では公害対策を十分に行わないまま工業化が急激に進み、環境問題や健康問題など様々な悪影響を及ぼしている。図2-7-3を見てみると二酸化炭素の排出量は中国だけで世界の3割近くの28.2%、つづいてアメリカ14.5%、インド6.6%、ロシア4.7%、日本3.4%、ドイツ2.2%と続く。つまり、新興国で人口の多い中国とインド、そして先進国が多くの二酸化炭素を排出しており、わが国もその重い責任を担わなければならないのである。

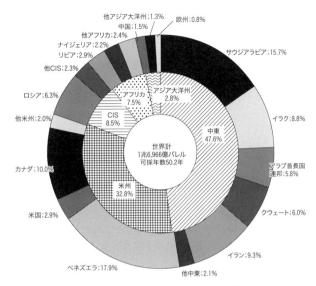

図2-7-2　世界の石油確認埋蔵量
（出典：資源エネルギー庁HP）

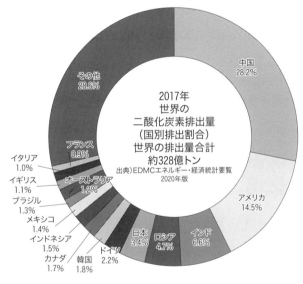

図2-7-3　世界の二酸化炭素排出量（2017年）
（出典：EDMC／エネルギー・経済統計要覧：2020）

2．開発途上国とエネルギー

開発途上国の電力不足は、深刻である。世界の89％の人が電気を使える生活を送っている。しかし、図2-7-4のように未だに電気のない生活を送っている人が、8億6000万人に上る。そのうちの69.8％がサハラ以南のアフリカである。つまり、サハラ以南のアフリカの約6億人もの人が電気のない生活を送っているのである。そして、サハラ以南のアフリカ自体の電化率は45％と半分以下であり、都会で74％、田舎では

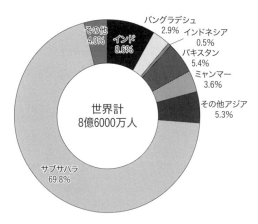

バングラデシュ
2.9%
インドネシア
0.5%
パキスタン
5.4%
ミャンマー
3.6%
その他アジア
5.3%
その他
4.0%
インド
8.6%
サブサハラ
69.8%
世界計
8億6000万人

図2-7-4　世界の未電化人口（地域別、2018年）
（IEA「SDG7:Data and Projections」資源エネルギー
庁HPを基に作成）

26％という低さである。また、サハラ以南のアフリカ以外の未電化の地域はほとんどがアジアであり、特にインドやパキスタン、ミャンマー、バングラデシュに集中している。

なぜ、電気がないのかというと、貧困により電気が家に引けないというだけでなく、根本的に発電所や電力網などのインフラが整備されておらず、エネルギーにアクセスできないのである。さらに、電力という安全でクリーンなエネルギーがないために、伝統的なバイオマス燃料を屋内で燃やすことによる健康被害で年間100万人以上が亡くなっているのである。

この電力不足は、国の経済成長を阻害し貧困を助長させている。したがって、人々が教育や医療など人間としての尊厳を守りながら健康でより良い生活を送るためには、最低限必要なエネルギーを確保する必要がある。

3．クリーンエネルギーの普及に向けて

世界のエネルギー事情は、増加の一途をたどっており、気候変動に大きな影響を与えている。近年、新興国や先進国では、太陽光や風力、地熱、バイオマスなどによる自然エネルギー、つまり再生可能エネルギーに力を入れており、電力をつくっているエネルギーのなかに自然エネルギーが占める割合が急増している。例えば、中国が27％、インドが21％、デンマークが79％、ドイツが42％、アメリカが18％などである。ちなみにわが国は20％である。この傾向をさらに加速させていくことが、気候変動への影響を少なくし、同時にエネルギーの自給率を高めることで安全保障上の安定にもつながる。

さらに、開発途上国では再生可能エネルギーを中心に電力の普及につとめることで、大規模な施設をつくらずに分散型システムを採用することが有効である。しかし、それらの投資はビジネスに直結するとは限らないため、先進国による支援が求められる。

〔文献〕
・資源エネルギー庁『令和元年度エネルギーに関する年次報告（エネルギー白書2020)』2020年
・iea SDG 7 : Data and Projections HP

ワークショップ（ウェビングマップ）　―再生可能エネルギーについて考えましょう―

グループで、「再生可能エネルギー」をテーマにウェビングマップを作成し、日本がこれから再生可能エネルギーをどうしていけばよいか考えます。

ウェビングマップのつくり方
①紙の中心にトピックを書きます。
②トピックに関係あると思うこと、思いついたことを周りに書き、トピックとの間に線を書きます。
③さらにそこから思いつくことを広げ、さらに外側に2段階、3段階とつないで書いていきます。
④書きだしたこと同士が、関係が深いと思ったらお互いを線で結びます。
⑤アイデアがでたら、似たものをまとめたり階層化したりします。

ウェビングマップ

1）ウェビングマップをつくりましょう。

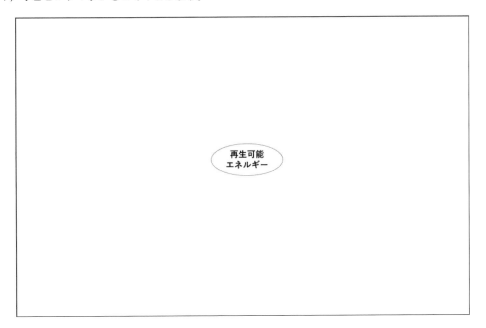

2）これからの日本のエネルギーにおいて再生可能エネルギーをどのように位置づけるか、グループで話し合いましょう。

3）グループごとに発表しましょう。

働きがいも経済成長も

8番目のゴールは、「すべての人びとのための持続的、包摂的かつ持続可能な経済成長、生産的な完全雇用およびディーセント・ワーク（働きがいのある人間らしい仕事）を推進する」である。

1．SDGs が目指す経済成長とは

目標8では、全ての人のための継続的、包括的かつ持続可能な経済成長のために、生産的な完全雇用およびディーセント・ワーク（働きがいのある人間らしい仕事）を推進することを定めている。

2．経済成長の低迷と失業率

2007年に起きたリーマンショックは、世界の経済を不安定にさせた。改善してきているものの、依然として失業者が多く、雇用環境が整わない人も少なくない。全世界の失業者は2億8800万人にも上り、なかでも2019年で世界の若者の失業率は13.6％と、他のどの年齢層よりも高く、就業も就学も訓練受講もしていないニート状態の若者は世界全体で約2億6700万人に上った。これに加えて、2020年度に世界中に広がった新型肺炎コロナウイルスの感染拡大によって、働いていない若者はより一層増え、就労中の人も労働時間が23％減少している（ILO）。若者の失業は、将来的な経済発展の阻害要因ともなることから、若者の雇用は大きな課題となっている。

3．非公式経済での労働

若者の失業と共に課題となっているのが、雇用環境である。世界の就業者の6割以上が非公式経済（インフォーマルセクター）に従事しており、その数は20億人あまりにも上っている（ILO）。非公式経済（インフォーマルセクター）では、その多くが法制度による雇用ではないため社会保障制度の適応対象外であり、社会的保護や就労に関わる権利、人間らしく働きがいのある労働条件を欠いている。

地域別で見ると、アフリカでは就業者の85.8％、アジア太平洋では68.2％、アラブ諸国では68.6％、米州では40％、欧州・中央アジアでは25.1％が非公式経済の就業者と見られる。労働形態としては、イン

写真2-8-1　ゴミ山で働く人たち（著者撮影）

フォーマル企業の従業員や季節・日雇い労働者、臨時・パートタイム労働者、家事労働者などを指す。主に農業を9割が占めている。

4. 児童労働

　非公式経済での労働で最も問題視すべき課題は児童労働である。児童労働とは、法律で定められた就業最低年齢を下回る年齢の児童（就業最低年齢は原則15歳、健康・安全・道徳を損なう恐れのある労働については18歳）によって行われる労働を指す。なかでも、人身取引、債務労働、強制労働、児童買春、および児童ポルノ、犯罪など不正な活動、武力紛争での子どもの使用など、子どもの安全、健康、道徳を害するおそれのある危険有害労働は、「最悪の形態の児童労働条約」として禁止されている。

　世界の児童労働者数は2000年から2016年の間に約4割減少したが、2016年現在も世界の児童労働者数（5〜17歳）は1億5200万人（男子8800万人、女子6400万人と言われている）、うち7300万人が危険有害労働に従事している。地域別に見ると（域内の子ども全体に占める割合）アジア太平洋6200万人（7.4％）、アフリカ7200万人（19.6％）、南北アメリカ1000万人（5.3％）、アラブ諸国116万人（2.9％）、ヨーロッパ・中央アジア553万人（4.1％）とアフリカが最も多い。部門別では（児童労働に占める割合）農業1億700万人（70.9％）が最も多く、次いでサービス業2610万人（17.2％）、工業1800万人（11.9％）となっている。

　児童労働の原因は、貧困、教育機会の欠如、児童労働を当然視する地域社会、差別や社会の混乱、不適切な法律の施行などがあげられている。新型肺炎コロナウイルスによって今後貧困率が上昇すると予測されており、児童労働者数が増加に転じる懸念がある。

　しかし、これらの児童労働は、子どもに身

写真2-8-3　砂糖きびジューススタンドで働く女子高校生たち（著者撮影）

写真2-8-2　ゴミ山で働く少女（著者撮影）

体的、精神的、社会的または道徳的な悪影響を及ぼすだけでなく、教育の機会も阻害しており、貧困に陥る可能性もあることから、早急に改善していく必要がある。

５．日本における非正規労働

　日本においては、2018年の非正規雇用は38.3％を占めており、新型肺炎コロナウイルスによる経済低迷によって2020年以降より一層増えている。日本での非正規雇用は、企業の正規採用とは異なる形でのパートタイマー、アルバイト、契約社員、嘱託社員、臨時職員及び派遣社員などの有期雇用を指し、雇用期間や労働時間によって、または企業の方針によって社会保障制度の適応対象にならないケースも多い。さらに、大きな違いは給与や賞与などの賃金格差であり、非正規雇用と正規雇用とでは２倍近く異なる場合もある。

　日本では女性の社会進出が求められる一方で、出産や子育ての環境が整わないために非正規雇用での労働に従事する母親が少なくない。また、シングルマザーの貧困率も高く、非正規雇用から正規雇用への移行や賃金格差の是正などが早急に求められている。

６．不平等の拡大とディーセント・ワークの欠如

　アフリカをはじめとする開発途上国の非公式経済での労働や児童労働、日本などの先進国における非正規労働は、脆弱な就業者であり、働く貧困層（ワーキングプア）を生み出している。全世界では６億3000万人をこえる労働者（世界の就労人口の約５分の１）が１日当たり3.2米ドル未満の収入で働いている。全世界では働く貧困層は減少しているにもかかわらず低所得国ではほとんど進展が見られず、所得不平等が世界全体において拡大している。

　また、仕事のアクセスや質においては、地理的格差が大きく、農村部よりも都市部の方が雇用率が高くなっている。加えて女性であることや若年層は、労働市場への参入を阻む新たな障害に直面している。

〔文献〕
・ILO HP：「世界の雇用及び社会の見通し　動向編2020年版」、「児童労働」
・UNICEF HP：「児童労働」

ワークショップ（マトリックス法）

マトリックス法とは、2つの変数を組み合わせ、そこから発想する手法です。
縦と横の変数ごとに要素を洗い出し、それらを組み合わせで、現状分析をしたり、新たなアイディアを考えたりします。

1. 以下のA、B、C、D枠の中に当てはまる仕事（業種）を書いてみましょう。

	非公式経済 （インフォーマルセクター）	公式経済
男	A	B
女	C	D

2. 1で書いた仕事（業種）を見て、気づいたことを書き出してみましょう。

3. A、B、C、Dに書いた仕事（業種）が別の枠で可能かどうか考えてみましょう。
   特にAの仕事がBで可能か、Cの仕事がDやBで可能かについて、さらに、それらがどうすれば可能になるのかを考えてみましょう。それをもとに、新しい働き方や労働形態を創造してみましょう。

4. 縦軸の「男」「女」や横軸の「非公式経済」「公式経済」を他の言葉に置き換えて2.3. をやってみましょう。例えば、縦軸を「都市部」「農村部」や「大人」「こども」といった言葉に置き換えて考えることで、新しい発見があるかもしれません。

5. 授業などで導入する場合には、グループごとに分かれて話し合いながら実施したり、個人で考えたものを他のメンバーと意見交換するのも効果的です。

産業と技術革新の基盤をつくろう

9番目のゴールは、「強靱なインフラを整備し、包摂的で持続可能な産業化を促進するとともに技術革新の拡大を図る」である。

1．SDGs が目指す産業と技術革新とは

　目標9では、持続可能で災害にも強い強靱（レジリエント）なインフラ（電気、ガス、水道、交通、インターネットなど生活に必要とする設備）構築を通して産業の推進を目指している。ここでの「強靱（レジリエント）なインフラ」とは、自然災害等にあってもいち早く元の状態に回復できるインフラのことを指す。これらのインフラ整備は人々の生活水準の向上と持続可能な産業発展において必要不可欠となっている。

2．インフラ整備

　道路、上下水道、電気などをはじめとする社会インフラは、生活を支えるだけではなく経済成長の基盤ともなっている。開発途上国においては、これらの社会インフラの整備が進んでいない地域が多く、そのことが経済発展の阻害要因ともされてきた。

　全世界において安定的な電力供給を受けられない人の数は約26億人にも上っている。また、基本的な衛生施設を利用できない人の数は25億人、水資源にアクセスできない人の数は8億人にも上る。これらによって安定・安全な生活を送ることができず、同時に不衛生な環境などの公衆衛生の問題も起きている。

　また、電力の安定しない地域では、たびたび停電が起き、その都度業務が中断される。舗装されたコンクリートの道路の下水道の整備が不十分な地域では、スコールや大雨の際に雨水が処理できずに道路が浸水してしまう。水道の安定的な供給も、産業においても必要不可欠である。道路や線路などの交通インフラが整備されていない地域では、物資や人員の安定的な輸送ができない。

　こういった社会インフラの未整備によって企業の生産性が約40％も損なわれており、また海外からの企業進入を妨げることにもつながっている。また、災害の多い国や地域では、災害後に道路、電力、水道、ガスなどの復旧を早急にすることにより、救助や救援物資の供給が可能となり、被災した人々の生活の立て直しや被災地の復興を早めることにつながる。

　このように、インフラ設備は先進国においても途上国においても、非常に重要な要素となっており、今後の早急な整備が望まれている。

3．携帯電話およびスマートフォンの普及

　道路や電線、電話線などのインフラ整備が進んでいた先進国では、固定電話の普及が急速に高まったが、インフラ整備が整わない開発途上国では、固定電話がなかなか普及してこなかった。工業が十分に発達していない国や広大な広い土地を持つ国では固定電話のインフラを完成させるにはかなりの時間とコストがかかるためである。しかし、携帯電話は開発途上国において瞬く間に拡大した。鉄塔などの基地局が電波の送受信をする携帯電話では、その基地局さえつくれば広い範囲をカバーすることができるため、電話回線を有線でつなぐといったインフラ整備よりも容易にできたのである。また多くの開発途上国では、携帯電話がスマートフォンに進化し始めた頃に中産階級の利用者が急増し、瞬く間に普及していった。その結果、世界で2000年に12.1％だった携帯電話の普及率は、15年間で98.6％にまで広がっている。

4．インターネットへのアクセス

　スマートフォンの普及拡大と共にインターネットの普及も急速に広がってきた。インターネットの使用は世界的に拡大し続けており、現在41億人（世界人口の53.6％）がインターネットを使用している。一方で、残りの36億人の人々がインターネットにアクセスできておらず、特に開発途上国においては、81％がインターネットを使うことができない状況にある。

　地域で見ると、先進国では約87％の人々が、特に使用率の高いヨーロッパでは82.5％の人々がインターネットを使用しているが、アフリカでは28.2％と、インターネットへのアクセスの格差が大きい。また、インターネットへのアクセスの男女比で見ると、全世界の男性のうちインターネットを使う割合は58％で、女性は48％となっており、男女比に差異があることがわかる。インターネットアクセスの男女格差は、携帯電話の所有における男女差と大きな相関関係があり、携帯電話の所有者が男性の方が多いことが要因の１つである。

5．デジタル格差

　テクノロジーが進歩し、そのインフラが整備される一方で、それらにアクセスできない人たちやそれらを使うことができない人たちも多く、インターネットなどの情報通信技術の活用能力の格差が課題となっている。

　総務省がまとめた2018年の情報通信白書によると、日本の利用率は、世代別に見ると13歳から59歳までで90％（とりわけ若い世代は99％近くになっている）に対し、70歳以降は50％を下回っている。

　また、生まれた時にはすでにスマートフォンが普及していた世代は「スマホ・ネイ

ティブ」と呼ばれ、パソコンよりもスマートフォンの利用が圧倒的に多く、逆に60代以降はパソコンを利用している人の方が多い（図2-9-1参照）。数字だけで見ると、高齢者の場合、パソコンは持っているが、インターネットは使えないという問題がある。

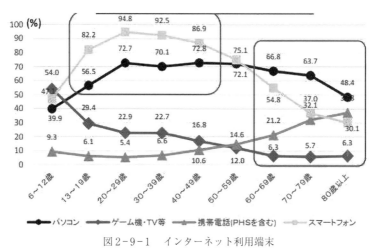

図2-9-1　インターネット利用端末
出典　総務省「平成30年度版 情報通信白書」

　2020年の新型肺炎コロナウイルスの感染拡大時においては、多くの大学がオンラインでの授業を余儀なくされた。それと同時に浮き彫りになったのが、パソコンを使えない大学生たちである。世界の若者がスマートフォンよりもパソコンを利用しているなかで、日本の若者は、スマートフォンは持っているが、パソコンを持っていないというケースが多く、実際にパソコンを使うことができないという人たちも少なくない。日本においても世界においてもデジタル機器の有無だけではなく、その活用においてもより一層格差が広がっている。

〔文献〕
・国際電気通信連合（ITU）　https://www.itu.int/en/Pages/default.aspx
・総務省　https://www.soumu.go.jp/ 最終アクセス2020年10月31日
　　　—情報通信白書
・UNICEF　https://www.unicef.org/ 最終アクセス2020年10月31日
　　　—「持続可能な開発目標ファクトシート」
・国際連合広報センター　https://www.unic.or.jp/ 最終アクセス2020年10月31日

ワークショップ（マンダラート）

マンダラートとは、仏教の曼陀羅模様のようなマス目ひとつひとつにアイディアを書き込んでいくことで、アイディアを整理したり、アイディアを広げたり、思考を深めていくことができる技法のことです。

1. テーマを決める

   ここでは「開発途上国のインフラ整備に対しての解決策を考える」とします。

   真ん中に「開発途上国のインフラ整備」と書き、その周りの 8 つのマスにアイディアを書いていきます。

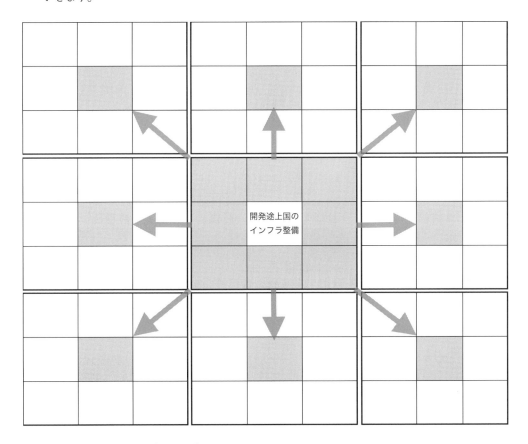

2. 具体的なアイディアに掘り下げていく

   1 で書いた 8 つのアイディアを矢印の先にあるマスに書き、それを実行するための具体的なアイディアをその周りのマスに書きます。

3. 他のメンバーと共有する

   ワークシートをもとに「開発途上国のインフラ整備」についての具体的なアイディアを他のメンバーと共有し、意見交換を行います。

人や国の不平等をなくそう

10番目のゴールは、「国内及び各国間の不平等を是正する」である。

1．わが国の不平等の現状

　世界のSDGs達成度ランキング（2020）では、日本は166カ国中17位と発表された。目標10「人や国の不平等をなくそう」は達成度で言うと4段階中の2番目であり「重要課題」とされている（図2-10-1）。さらに、この課題は、取り組みの悪化を指摘されている（図2-10-2）。具体的には、パルマ比率と66歳以上の高齢者の貧困率、所得格差を示すジニ係数の改善が見られないことが指摘の理由となっている。パルマ比率とは、国内の所得格差を国際比較するもので、上位10％の所得合計÷下位40％の所得合計で計算され、低いほど格差が小さい。つまり、わが国は、最富裕層と下位層の格差が年々広がってきていると考えられる。

目標1	目標2	目標3	目標4	目標5	目標6	目標7	目標8	目標9

目標10	目標11	目標12	目標13	目標14	目標15	目標16	目標17	

最大の課題　　　　重要課題　　　　課題残る　　　　達成

図2-10-1　日本のSDGs目標別達成状況（2020）
（出所：Sustainable Development Report 2020をもとに作成）

目標1	目標2	目標3	目標4	目標5	目標6	目標7	目標8	目標9
↗	↗	↑	↑	→	↑	↗	↑	↑

目標10	目標11	目標12	目標13	目標14	目標15	目標16	目標17	
↓	↑	●	→	→	↗	↑	↗	

↓　悪化　　→　現状維持　　↗　改善　　↑　達成　　●　不明

図2-10-2　日本のSDGsトレンド（2020）（出所：Sustainable Development Report 2020をもとに作成）

2．世界の所得格差

　世界には富裕層と貧困層と言われる人たちが存在する。そのなかでも世界の最富裕層と言われる10億ドル以上の資産を持つ人は、過去10年間で倍増し、2153人と発表された。一方、1日2ドル以下で生活する最貧困層は46億人（世界人口の60％）とされ、最富裕層2153人は最貧困層46億人よりも多くの財産を保有しているとされる（Oxfam International, 2020）。

　なぜ、このような格差が生まれるのであろうか。1つは国の経済規模の問題がある。例えば、近年の世界規模の自然災害を考えてみると、2011年に発生した東日本大震災の被害額は16.7兆円とされる。しかし、日本のGDP（国内総生産／国内で生み出された物やサービスの金額の合計）は、482兆円のため、被害額／GDP％で算出すると3.5％である。反対に、カリブ海に浮かぶケイマン諸島で発生した2004年のハリケーンでは、被害額34.3億ドル、国のGDPは16.0億ドルとなり、被害額／GDP％は、214％となり2倍以上にもなっている。つまり、国の経済規模が復興に大きな影響を与えることになる。ケイマン諸島の被害は、近年の自然災害で被害額が経済の規模に比べて最も大きい国となっている（前林，2016）。ゆえに、国の経済規模が小さく、貧しい国にとって、災害はより厳しい試練を与えることになるのである。

3．差別を撤廃するために

　「差別」は私たちの日常にありふれている。例えば、性別、学歴、出身地、障害、人種、宗教などを理由に不当な扱いを受けてしまうことが差別の根底にある。

　SDGs では、ゴール10において、ターゲット10.3の指標として、10.3.1「過去12カ月に個人的に国際人権法の下に禁止されている差別または嫌がらせを感じたと報告した人口の割合」とされる。SDGs は世界的な取り組みであるが、一方で個人にも焦点をあてたところは特筆すべきことである。

　わが国では日本国憲法第14条第1項において「すべて国民は、法の下に平等であって、人種、信条、性別、社会的身分又は門地により、政治的、経済的又は社会的関係において差別されない」と定められている。憲法第14条に基づき「差別」を解消することを目的とした法律である人権3法が2016年に施行された。

　①障害者差別解消法（障害を理由とする差別の解消の推進に関する法律）

　この法律では、「障害のある人もない人も共に生きる社会をつくること」を目指しており、国、都道府県、市町村や会社等の事業所に対し、「不当な差別的取り扱い」を禁止するもので「合理的配慮の提供」について行政機関は義務、民間は努力義務とされる。学校現場で「先を見通すことが苦手なため、初めての活動に対して不安になり、参加することができない」と訴える子どもに対して、「活動を始める前に、これ

から活動する内容や手順について説明して確認することで、安心して取り組めるよう配慮した」（内閣府，2018）ことは合理的配慮の事例である。

②ヘイトスピーチ解消法（本邦外出身者に対する不当な差別的言動の解消に向けた取組の推進に関する法律）

この法律では「特定の民族や国籍の人々を排斥し、不安や差別意識を煽る差別的言動（ヘイトスピーチ）を無くすことで、民族や国籍などの違いを豊かさとして認め合い、互いに人権を尊重し合う社会を築くこと」を目指している。ヘイトスピーチは、日本に住む特定の国の出身者やその子孫に対して、一方的に日本社会から追い出そうとしたり、危害を加えようとする言動とされ、大きな社会問題になっている。筆者が住む浜松市はブラジルからの移住者が多く、国籍別人口割合では38％を占めている（浜松市，2020）。他にもフィリピン、ベトナム、中国など、浜松市の人口の3％が在外国人である。浜松市は SDGs 未来都市に選定されており、特に多文化共生社会の実現に向けた取り組みが評価されている。学生団体 WISH による「外国籍児童就学前学校体験教室（ぴよぴよクラス）」は、日本の学校に入学する子どもたちに「登下校、給食、あいさつ、ひらがなや歌、工作などを学び学校生活を疑似体験するクラス」であり、入学後の学校生活がスムーズに送れるようサポートしている。

図 2-10-3　ぴよぴよクラス
写真提供：（一社）グローバル人材サポート浜松

③部落差別解消法（部落差別の解消の推進に関する法律）

部落差別とは、「日本社会の歴史的発展の過程で形づくられた身分階層構造に基づく差別により、日本国民の一部の人々が長い間、経済的、社会的、文化的に低位の状態を強いられ、日常生活の上で様々な差別を受けるなど、我が国固有の重大な人権問題」（法務省，2016）とされ、内閣府（2017）の調査では、「結婚問題で周囲に反対されること」が40.1％と最も多い問題となっている。同和（部落）地区出身者という理由だけで結婚を反対されることは不当な差別であり、明らかな人権侵害である。

〔文献〕
・内閣府　障害者差別解消法【合理的配慮の提供等事例集】2019年
・前林清和「世界の災害と支援活動」『社会防災の基礎を学ぶ―自助・共助・公助―』昭和堂　2016年
・Sustainable Development Report 2020

ワークショップ（ロールプレイ）

1. あなたのクラスに全く言葉の通じない外国人（英語圏外）が転校してきました。外国人というだけで、好奇な目で見られ、クラスの雰囲気はあまり歓迎されているとは思えません。どうやってコミュニケーションを取りますか？　まずは、外国人の転校生と日本人になって自己紹介してみましょう！

外国人になった気持ちは？	
日本人としての気持ちは？	
コミュニケーションの方法は？	

2. お互いの立場にたって、私たちに何ができるか意見を交換しましょう。

「いらすとや」irasutoya.com

住み続けられるまちづくりを

11番目のゴールは、「都市と人間の居住地を包摂的、安全、強靭かつ持続可能にする」である。

1．都市

　世界の主な都市は、そこに人が集まることにより、経済や文化の発展を遂げてきた。集まった人々は分業によって役割の専門性や生産性を高め、異なる価値観を受け入れることで多様性を豊かにし、違う価値観が共存できるよう様々なルールを整備してきたのである。

　しかし、人が過密になることで生じる弊害もある。世界全体で見れば、面積では陸地の３％に過ぎない都市が、世界のエネルギー消費の60〜80％を占め、炭素排出量の75％を占めている。また、医療や生活、教育などへのアクセスの良さは、都市部と農村部で大きな差がある。つまり極度で急速な都市化は、自然環境に対し大きな負荷をかけ、世界に偏りを生むことで、汚染と格差を拡大するという一面を持つのである。

2．人口

　都市の指標の１つに人口があげられる。

　日本は現在、世界で最も少子高齢化が進んだ国の１つである。2008年に１億2808万人でピークを迎えた日本人口は、2020年４月現在１億2593万人、そして2065年には8808万人になるだろうと言われている。しかし、人口は均等に減少しているわけではない。2000年と2015年で比較すると、沖縄、東京、愛知、埼玉、神奈川、福岡、滋賀、千葉などの８県が増加または微増傾向を示しているのに対し、他の39県は減少しており、とりわけ秋田、福島、青森、高知は4.7〜5.8％と大幅に減少している。人口密度が高い地域により人が集まる一方で、全国市区町村の約半数896自治体が「消滅可能性都市」とされ、一刻も早い人口対策の必要性が訴えられているのである。

　世界に目を転じれば、人口は増加し続けている。1950年には約25億人であったのが現在は約78億人と推計されている。かつての日本も1872年（明治５年）の推計人口は3480万人であり、約150年で３倍以上の劇的な人口増があったことがわかっている。

　このように都市は、その速度や規模は違うものの、発展し、成熟し、やがて衰退する。そのため、長期的な視点で検討することが重要となる。

3．住まいとまち

　人口密度の高い都市は、一般的に、土地利用の効率をあげるため建物が高層化し、経済性や生産性を高めるため移動手段や社会サービスが充実している。まちの発展期には、産業が都市を育て、同時に都市が産業を育てることにより、消費者となり労働者となる人を集めていく。多くの工場や商店が建ち、労働者が集まり、その家族が増え、彼らを顧客とする消費サービスが充実していく。衰退期には、その逆の現象が生じる。

　このように第二次・第三次産業と連動した都市化は、第一次産業を中心とした農村の成立と比較すると、次のような問題を抱えやすい。

　例えば都市部で割合の高くなるマンション住まいにおいては、空間上は密な住まい形態でありながら人間関係が乏しくコミュニティ形成が難しいといわれる。また、エレベーターや給水ポンプなど電力エネルギー依存度が高く、活発で多様な消費活動によって多くの廃棄物や汚染物質を出し、健康を損なう。一方、経済的に苦しい多くの人々が不便で衛生を保つことができないスラムで暮らしている。

4．スラム

　スラムとは、「都市部で極貧層が居住する過密化した地区のことであり、都市の他の地区が受けられる公共サービスが受けられないなど、居住者やコミュニティの健康や安全、道徳が脅かされている荒廃した状況を指す」。東アジア・東南アジアには、スラムで暮らす人々が8億8300万人に上ると言われる。

5．都市と災害

　脆弱な都市は、災害による被害を甚大なものにしてしまう。

　地震や台風や火山噴火などの自然現象が「災害」となるのは、人間社会に被害をも

図2-11-1　スラム街（ウガンダ）
http://helpchild.jp/ghetto_in_kisenyi/ 最終アクセス
2020年10月19日

図2-11-2　都市部のマンション（韓国、筆者撮影）

たらすためである。そのため、地震の大きさ（マグニチュード）や台風の大きさ強さといった「自然災害」の規模だけではなく、「災害にさらされる人口」、「社会の脆弱性」が高まれば高まるほど、私たち人間社会の災害による被害は大きくなるのである。実際に、阪神・淡路大震災をもたらした兵庫県南部地震（1995年）と熊本地震（2016年2度目の震度7）はともにマグニチュード7.3であったが、死者数や経済的影響については、都市型災害と呼ばれた兵庫県南部地震の方が格段に大きかった。

　阪神・淡路大震災の教訓は、兵庫防災枠組（2005年第2回国連防災世界会議）とその後の仙台防災枠組（2015年第3回同会議）に反映され、日本の開発途上国の支援方針にも活かされている。これから発展しようとする国が安定して富を積み重ねていくためには、災害によるリセットや損失を避けなければならない。そのため、開発に先駆けて地域社会の脆弱性に対策を施し、あらかじめ災害リスクを低減しておく対策が評価されており、その方針を「防災の主流化」と言う。

　また、住宅や教育施設支援においては、その国の資源を使用し、教育研修によって地域の人々が補修や修繕を行えるように技術移転も行われている。

6．自然と人間社会

　めまぐるしい社会の変化と連動し、それらを取り込みながら変化していく、そのような柔軟性（レジリエンス）と包摂的な特性が、持続可能な都市には不可欠である。また、都市にあっても、人間にとって空気や水が重要であることには変わりない。むしろ、急激に発展した多くの都市が経年による生活インフラの老朽化に直面している。

　現在、人口の約半数35億人が都市で暮らしており、都市への人口集中は今後も続くものと推測されている。社会が持続可能な発展を遂げるためには、まちと自然の両方を守り、全ての人が必要なサービスにアクセスできる暮らしやすいまちづくりが求められるのである。

〔文献〕
・「Goal 11: Make cities inclusive, safe, resilient and sustainable」UNITED NATIONS https://www.un.org/sustainabledevelopment/cities/ 最終アクセス2020年10月19日
・『平成27年版厚生労働白書―人口減少社会を考える―』
・「2−2 都道府県別人口と人口増減率」総務省統計局『日本の統計 2020』

ワークショップ（ディベート） ―まちづくり政策―

1．9～12人で1試合を約40分間行います。3～4人ずつの3グループをつくり、肯定側・否定側・審判の各グループに分かれましょう。審判をはさんで2グループが握手し、コイントスで肯定側・否定側を決めます。

2．論題「わが国は、過疎地から都市への移住政策を推進すべきである。」について、肯定または否定の立場にたって主張しあいましょう。ただし、主張は客観的な証拠（エビデンス）に裏付けられたものでなくてはなりません（エビデンスの例：○統計データ、論文、記事など、×個人の好みや経験）。

3．相手側の主張に対し、反論（反駁）をしましょう。これにもエビデンスが必要となります（肯定否定各6分で立論、各2分反対尋問、各3分の反駁を2回ずつ、間に1分単位で2回まで作戦タイムを取ることができます）。

〈ディベートの流れ〉 所要時間約40分

時間	内容	注意事項
3分	握手・コイントス	＊作戦タイムは、双方1分単位で1試合中合計2分取ることができます。
8分	肯定側立論（6分）、否定側反対尋問（2分）	立論では論題の肯定を主張し、反対尋問では、言葉の定義や意図を質問・確認します。
8分	否定側立論（6分）、肯定側反対尋問（2分）	否定側の立論（主張）は、肯定側の立論に接合しなくてはなりません（論点を合わせます）。
12分	否定側反駁・肯定側反駁（各3分）×2回	求められればエビデンスを示さなくてはなりません。肯定側最後の反駁は新しい事項を持ち出してはいけません（否定側に反駁機会がないため）。
5分	審判による審査と講評	審判は勝敗と理由を述べ、双方が握手をします。

4．審判のグループは、より説得力があり好印象のチームを勝者とします。

5．ディベート後、都市化の利点と弊害を整理し、私たちに何ができるか意見を交換しましょう。

12 つくる責任 つかう責任

つくる責任つかう責任

12番目のゴールは、「持続可能な消費と生産のパターンを確保する」である。

１．責任を持った生産と消費

　私たちの周囲はモノで溢れている。食料品、電化製品、家具、洋服、本、紙類、プラスチック製品といった日常生活に欠かすことのできないものが大量のエネルギーを使い次々に生産され、消費されている。一方でそれ以上のゴミとなる廃棄物を生み出しているのも私たちである。さらにゴミの廃棄によって有害な化学物質が地球にばらまかれ環境を汚染している。このような生産⇒消費⇒廃棄の仕組みを変えていく行動をしていかなければ、豊かな地球を失うことになってしまう。そのためには、まず私たちが個人レベルでできるSDGsの取り組みを日々の生活のなかで実践していく必要がある。

２．食品ロス

　食品は私たちが生命を維持するうえで欠かせないものである。日本は海外から多くの食品を輸入しており、自国の食料需給率は38％（農林水産省，2020）である。つまり、62％が海外からの輸入に依存していることになる。わが国の食品廃棄物は年間2842万トンで、そのうち、本来食べられるのに捨てられてしまう食品ロスは646万トンになる。これは、10トントラック1770台分を毎日廃棄していることになり、年間1人当たりの食品ロスは51キロ、1日ご飯茶碗1杯分となる130グラムを廃棄していることになる。家庭から出るゴミのうち、10.3％が手つかずの食品であり、13.8％が食べ残しである（消費者庁，2018）。一方、深刻な飢えや栄養不良に苦しむ世界の人々は8億人とされ、わが国の子どもの貧困は7人に1人と高水準を示している。

　こうした現状を踏まえ、政府は「食品ロスの削減の推進に関する法律」（2019）を制定し、「多様な主体が連携し、国民運動として食品ロスの削減を推進する」ことが明記された。具体的な取り組みとして、10月30日を「食品ロス削減の日」と定め、食品ロスに取り組む優れた団体や企業、学校などの取り組みに対して、「食品ロス削減推進大賞」という表彰制度も設けられた。基本施策の1つであるフードバンク活動は市民レベルでできる取り組みの1つであり、SDGsを実践していくうえで教育的効果も期待できる取り組みである。

　フードバンクとは、「パッケージミスや外箱の破損など安全に口に入れることがで

きるのにもかかわらず既存の流通
ルートに乗らず、捨てられてしまう
食品を行政や社会福祉協議会、生活
困窮者支援団体を通じて生活困窮等
の理由により、食の支援を望む方や
福祉施設に提供することで自立への
支援や生活を図る活動」とされる
が、学校や学生ボランティアが取り
組む場合は、家庭にある不要な食品
を集めるフードドライブ活動が有効
である。ここで集められた寄付食品

写真 2-12-1　学生団体によるフードドライブ活動

をフードバンクに送り、それが必要とされる個人や団体に贈られるという仕組みである。

3．エシカル消費

　エシカル（ethical）とは、「倫理的・道徳的」という意味があり、「エシカル消費」
とは、「人や地域や社会や地球環境に配慮した倫理的に正しい消費」を指す。つま
り、「人と社会、地球環境のことを考慮して作られたモノを購入あるいは消費する」
ことであり、その選択を私たち、消費者がすることになる。具体的にはフェアトレー
ド商品を購入したり、障害を持つ人の支援につながるような商品を購入する。地産地
消を意識して購入する。エコ商品を購入する。寄付付きの商品を購入する。被災地の
商品を購入する。FSC 認証、GOTS 認証、MSC
認証など認証ラベルの付いた商品を購入するな
ど、私たちが意識をしてエシカル消費をしていく
ことが「目標12．つくる責任つかう責任」の達成
につながってゆくのである。最近ではコンビニ商
品のパッケージにも認証マークが使われた商品を
見かけるようになったが、日本人のエシカル消費
に対する意識はまだ低く、意識的な商品の購入に
まで至っていないのが現実である。

写真 2-12-2　FSC 認証マークの入った
商品

4．3Rの実践

　3R とは、① Reduce（リデュース）、② Reuse（リユース）、③ Recycle（リサイク
ル）の3つのR を総称するものである。Reduce（リデュース）は、ゴミを減らすこ
と、Reuse（リユース）は、使えるものを繰り返し使うこと、Recycle（リサイクル）

は、ゴミを資源として、再び再生することであり、3Rを推進していくために資源有効利用促進法が制定された。目標12を達成していくためには、3Rという行動が必要不可欠である。

　世界のゴミ問題で深刻なものとされるのがプラスチックゴミの問題である。環境省（2016）によれば、日本国内のプラスチックゴミは年間940万トンとされ、日本人1人当たり大型冷蔵庫1台分に値するプラスチックゴミを出していることになる。これに対して、リサイクルされるのは233万トンと4分の1にしか満たない。2020年7月1日から有料レジ袋が義務化されたがこうした取り組みは少しでもプラスチッククゴミを減らすための策である。その他にも企業の取り組みとしてプラスチックストローの廃止やプラスチックの袋から紙袋へ変更する努力がなされている。そもそも、プラスチックの原料は原油であり、石油由来ということから、環境に悪影響をもたらすものとして、プラスチックゴミをいかにつくりださず、廃棄しないようにするのかが大きな課題である。さらに、プラスチックゴミは自然界では分解できないものであり、細分化されたマイクロプラスチックは海の生き物や生態系に大きな影響を与えている。環境省（2018）は最終処分場の残余年数を20.5年と算出している。このままゴミ問題の解決がされなければ、20年後にはゴミの埋め立て場は満杯になり、ゴミの処理ができなくなる。そのようなことにならないために、危機感をもって3Rを実践していく必要がある。3Rは誰もができる取り組みであり、今すぐに行動できることである。

「いらすとや」irasutoya.com

〔文献〕
・環境省：マテリアルサイクルによる天然資源消費量と環境負荷の削減について、2016年
・消費者庁：食品ロス削減関係参考資料、2018年

ワークショップ（ブレインライティング）

ブレインライティングとは、リレー形式でアイディアを書くことにより、アイディアを発展させていく手法であり、できるだけ多くのアイディアを出すことが重要です。アイディアは付箋を使い、単語ではなく、20文字程度に完結にまとめられると良いでしょう。

テーマ１．大学で食品ロスを減らすための取り組みとして「学食」を巻き込んだ企画を考えてみましょう！

テーマ２．プラスチックごみを減らすための取り組みとして、個人レベルでできる取り組みを考えてみましょう！

グループワーク形式による話し合いの様子（筆者撮影）

気候変動に具体的な対策を

13番目のゴールは、「気候変動とその影響に立ち向かうため、緊急対策をとる」である。

1．世界の気温

　気候変動、と聞くと、とても大きく難しい問題に聞こえてしまうが、本当にそうだろうか。私たちは毎日、おひさまを浴びて、雨に打たれて、風の温度を感じて、土の上で、水を飲んで、生きている。私たちと同じように、作物も、動物も、みんなそうして生きている。その生きている環境が、今、とても変わってしまっている、という問題である。そう考えてみると、何だか最近猛暑ばかりだな、猛烈な台風が多いな、といったことは感じているのではないだろうか。

　では、世界の気温は今どうなっているのだろうか。

　2019年の世界の平均気温は、長期的にみると100年あたり0.74℃の割合で上昇している。特に、ここ20年ほどは高くなる年が多くなっており、確実に世界の気温が上昇しているのが見て取れる。

　日本の平均気温は、100年あたりおよそ1.2℃の割合で上昇している。世界の平均に比べて日本の上昇率が大きいのは、北半球の方が地球温暖化による気温の上昇率が大きく、日本はその中緯度に位置しているためと考えられる。

　IPCC（国連気候変動に関する政府間パネル）の第5次評価報告書によると、温暖化については疑う余地がなく、最近30年における各10年間の世界平均地上気温は1850年以降のどの10年間よりも高温である、と述べられている。

　さらに、この20世紀半ば以降に観測された温暖化について、人間による活動が主な要因であった可能性が極めて高く（可能性95％以上）、大気中の温室効果ガスが過去80万年間で前例のない水準まで増加しており、温暖化が人間の排出している二酸化炭素などのいわゆる温室効果ガスの影響であることが確実視されるようになっている。

2．将来の気候

　気象庁の予測では、21世紀末の日本の年平均気温は全国平均で4.5℃上昇し、猛暑日の日数は増加、滝のように降る雨（1時間降水量50mm以上の短時間強雨）の発生回数は全国平均で2倍以上となるが、雨の降らない日数も全国的に増加する、とされている。

3．災害

　気候変動により温度や降水量、海面温度や海水面の高さなどが変われば、それに付随した災害も起こる。

　例えば、開発途上国では災害時の被害額が少ないが、これはダメージが少ないということではまったくない。なぜなら、一度の災害による被害額が、国家の GDP を超

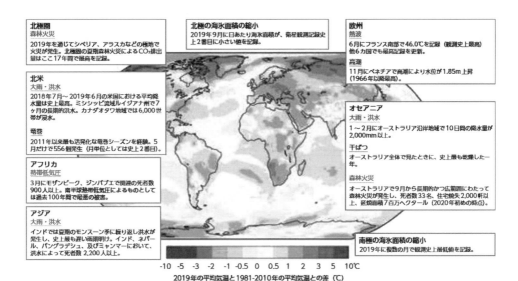

資料：「WMO State of Global Climate in 2019」から環境省作成
図 2-13-1　2019年世界各地の異常気象　（環境省『令和 2 年版 環境・循環型社会・生物多様性白書』より）

表 2-13-1　近年の自然災害による被災額の GDP が大きい事例

国名	年	災害種別	被害額	被災年 GDP	被害額 /GDP
			（10億ドル）	（10億ドル）	（％）
モンゴル	2000	寒波	0.88	0.91	92
ケイマン諸島	2004	ハリケーン	3.43	1.60	214
グレナダ	2004	ハリケーン	0.89	0.44	204
モルディブ	2004	津波	0.47	0.75	62
ガイアナ	2005	洪水	0.47	0.79	59
ガイアナ	2006	洪水	0.17	0.82	21
タジキスタン	2008	異常気温	0.84	3.72	23
ハイチ	2010	地震	8.00	6.48	123
チリ	2010	地震	30.00	171.96	17
タイ	2011	洪水	40.00	318.52	13
サモア	2012	サイクロン	0.13	0.64	20

GDP は災害発生年前年の値を使用。
EM-DAT: The OFDA/CRED International Disaster Database-www.emdat.be,
Université Catholique de Louvain, Brussels（Belgium）の資料をもとに内閣府作
成。（内閣府『平成21年・26年版　防災白書』より）

える場合があるからだ。例えば、2004年のケイマン諸島のハリケーンやグレナダのハリケーンの被害額は GDP の２倍以上にも及んでいる。このように開発途上国は、一度の災害でも海外からの支援がなくては立ち直れないほどの被害を受けることになる。

４．生物の北上

温暖化によって今まで寒冷だった地域が温暖になることで、温暖な地域にしかいなかった生物の生息域が広がる可能性がある。現に、日本では今まで存在しなかったヒアリやデング熱等を媒介するヒトスジシマカ等が近年国内で発見された。海外から渡ってきても気候が違うために繁殖、生息することはできないと思われていたが日本国内の気温が上がり彼らの生息可能な環境となりつつあるのではないかと危惧されている。このことにより、デング熱やマラリアなど、今まで日本国内での感染が確認されなかった感染症による新たなリスクの可能性もある。

５．食料

私たちの食料は主に農耕や牧畜によって支えられている。地球の長い営みのなかで、私たちが生きている最近の地球は、１万1600年ほどとても安定的に温暖な気候が保たれていた。そのなかで、１年のうちに暑い時期や寒い時期があっても、また同じようなサイクルで季節が巡るとわかっているからこそ、動植物はその環境に適応し生息してきた。しかし、もし今以上に急速に気候が変化し環境が変わってしまうと、その前提が覆されかねない。

〔文献〕
・気象庁「世界の年平均気温偏差の経年変化（1891〜2019年）」
　https://www.data.jma.go.jp/cpdinfo/temp/an_wld.html　最終アクセス2020年10月７日
・気象庁「日本の気候の変化」
　https://www.data.jma.go.jp/cpdinfo/chishiki_ondanka/p08.html　最終アクセス2020年10月７日
・気象庁「日本の気候変化の予測」
　https://www.data.jma.go.jp/cpdinfo/chishiki_ondanka/p12.html　最終アクセス2020年10月７日
・気象庁「地球温暖化予測情報」
　https://www.data.jma.go.jp/cpdinfo/GWP/index.html　最終アクセス2020年10月７日
・環境省「令和２年版 環境・循環型社会・生物多様性白書」
　https://www.env.go.jp/policy/hakusyo/index.html　最終アクセス2020年10月７日
・WMO Statement on the State of the Global Climate in 2019
　https://library.wmo.int/doc_num.php?explnum_id=10211　最終アクセス2020年10月７日
・気候変動に関する政府間パネル第５次評価報告書　統合報告書（2014）

ワークショップ（ランキング） ―気候変動の影響を軽減するために―

大学生の仲間5人で、気候変動の影響をどのようにしたら軽減できるか、話し合い、それぞれから次のような意見が出ました。

Aの意見　気温の上昇はCO2などの温室効果ガスの影響が大きい。まずは技術革新や再生可能エネルギーなどを考え温室効果ガスの削減をするべきだ。

Bの意見　災害に見舞われた開発途上国が立ち直れないと、その国は政情も不安定になってしまう。そうならないために緩和政策を実施できるよう開発途上国に資本を投入すべきだ。

Cの意見　我が国でも想定外の雨が降っている。未来では頻度がもっと増えることを考えて今から河川の再整備を行うべきだ。

Dの意見　気候の変化でデング熱などの感染症が広がる可能性を考えて、もっと保健医療や感染症の研究に力を入れるべきだ。

Eの意見　気候の変動で作物が育ちにくくなるとますます食料自給率が減ってしまう。新しい作物や品種改良など、もっと農業に力を入れるべきだ。

1. 気候変動の影響を軽減するためには、どんなことをすればいいでしょうか。自分のなかで重要だと思う順番に1，2，3と順位をつけ、その理由を書きましょう。

順位	意見のアルファベット	理由
1		
2		
3		
4		
5		

2. その順位と理由をグループ内で発表しましょう。
3. みんなの順位を表に書き込みましょう。

順位＼メンバー	メンバー1	メンバー2	メンバー3	メンバー4	メンバー5	グループ
1						
2						
3						
4						
5						

4. グループでの順位を決めましょう。
　　※この時に、じゃんけん、多数決は使わないで決めます。
5. グループで決めた順位をみんなの前で発表しましょう。

海の豊かさを守ろう

14番目のゴールは「海洋と海洋資源を持続可能な開発に向けて保全し、持続可能な形で利用する」である。

1．海洋ごみ

　海には今、たくさんのごみが流出し、大きな問題となっている。海洋プラスチックごみの量は極めて膨大であり、世界全体では毎年約800万トンのプラスチックごみが海洋に流出しているという報告がある。このままでは、2050年には海のプラスチックごみの重量が魚の重量を超えるという試算もある。陸上から海洋に流出したプラスチックごみの主要排出源は東アジア及び東南アジア地域であるという統計もあるが、環境省が2017年に行った、日本に漂着した漂着ごみのモニタリング調査によると日本語表記のペットボトルも相当な割合を占めている。

　図2-14-1でわかるように、日本においての漂着ごみの調査では、重量ベースで自然物が、容積及び個数ベースではプラスチック類が最も高い割合を占めている。プラスチック類の主なものは、ロープ・ひも、飲料用ペットボトル、漁網等である。一度ごみとして放出されたプラスチックごみは容易には自然分解されず、多くが数百年間もの間残り続ける。

　現在海洋プラスチックによる海洋汚染は世界規模で広がっており、北極や南極でも

〈種類別割合（重量、容積、個数）〉

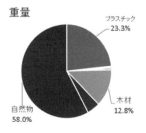

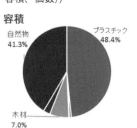

図2-14-1　わが国での漂着ごみ調査結果　種類別割合（重量、容積、個数）

出典：環境省
※調査対象の10地点は、平成22〜27年度の間に調査した5地点及び平成28年度に新たに選定した5地点の計10地点。（全国の状況を表すものではないことに留意。）
※2　各地点の海岸線50m の中に存在したごみの量や種類等を調査した。

マイクロプラスチックが観測されたとの報告もある。マイクロプラスチックとは、微細なプラスチックごみ（5mm以下）のことであり、含有、吸着する科学物質が食物連鎖に取り込まれ、生態系に及ぼす影響が懸念されている。

2．水質汚染

　海が汚れてしまう原因は何があるのだろうか。まず私たちの生活排水がそのまま川から海へ流れ、水質を汚染してしまうことは容易に想像できる。例えば、シャンプー1回分（4.5ml）を流すと、魚がすめるレベルの水質に戻すために、約200ℓの水が必要になる。使用済み天ぷら油（20ml）だと6000ℓ必要だ。日本の上下水道は処理施設を通り川へと流されるが、どれほど大変な処理なのかがわかる。開発途上国などはそういった処理施設がない国が多く、そのまま流されているのが現状である。

　生活排水だけでなく、工場からの排水も大きな問題である。わが国でも昭和30年代に水俣病やイタイイタイ病などの工場排水による公害が発生したが、その教訓から全国的な一律規則と法律がつくられた。これにより処理技術も向上し、産業公害に起因する水質汚染は大きく改善した。しかし、世界にはこのような規制も技術もない国が多くあり、それらは開発途上国、あるいは新興国と呼ばれる近年経済的に著しい成長を遂げている国である。特に中国とインドは、人口も約14億人と規模が大きい。世界の海は当然ながらつながっており、水に国境はない。

　他にも化学工場からの有害物質の流出、農薬の流出、船舶事故による油の被害など様々な原因がある。

　川や海の水が汚染されると、プランクトンの異常発生、魚などの大量窒息死など、生態系に重大な悪影響を及ぼしてしまう。

3．漁業への影響

　人間による過剰な捕獲・乱獲などにより、海洋資源は減少している。

　図2-14-2にあるように、1974年には10％であった過剰に漁獲利用された状態の資源が、2015年には30％を超えており、漁獲拡大の余地のある資源は1970年代には約40％であったが、2015年には7％にまで減少している。

　さらに、海中などに放置された、あるいは流出した網や籠などの漁具に生物がかかってしまい、長期間にわたって危害を加えてしまうゴーストフィッシングとも呼ばれる問題もある。これは生態系だけでなく、漁業にも悪影響を与えている。

4．生態系

　2001年から2005年にかけて、世界の専門家が参加した「ミレニアム生態系評価」によると、20世紀末の数十年で、世界中のサンゴ礁のおよそ20％が失われ、マングロー

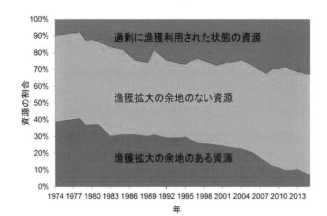

図2-14-2　1974～2015年における世界の海洋水産資源（海域別
　　　　　魚種）の漁獲利用状態別割合の推移（FAO2018の
　　　　　Figure14を改変）（国立研究開発法人　水産研究・
　　　　　教育機構　令和元年度国際漁業資源の現況「世界
　　　　　の漁業の現状と資源状況について」より）

ブ林のおよそ30%が失われた。サンゴ礁には9万種もの生物がいるとされ、海の生物
多様性の宝庫である。サンゴ礁は自然災害や地球温暖化の影響だけでなく、人間によ
る沿岸開発、ダイナマイト漁などの破壊的漁法、森林伐採や農地開発に起因する表土
の海への流出といったものからも被害を受けている。

　海洋のプラスチックごみの影響により、世界中で魚類、海鳥、アザラシなどの海洋
哺乳動物、ウミガメなど、少なくとも約700種もの生物が傷つけられたり死んだりし
ている。餌と間違えて摂取してしまうなどのプラスチックごみの摂取率はウミガメで
52%、海鳥で90%とも推定されている。

〔文献〕
・環境省「令和2年版 環境・循環型社会・生物多様性白書」
　https://www.env.go.jp/policy/hakusyo/index.html　最終アクセス2020年10月6日
・環境省「海洋ごみをめぐる最近の動向　平成30年9月環境省　資料2-2」
　https://www.env.go.jp/water/marirne_litter/conf/02_02doukou.pdf　最終アクセス2020年10月
　6日
・環境省「平成30年度海洋ごみ調査の結果について」
　https://www.env.go.jp/press/marine_litter/114768.pdf　最終アクセス2020年10月6日
・環境省　「生活排水の汚濁負荷」「生活排水読本」
　https://www.env.go.jp/water/seikatsu/pdf/all.pdf　最終アクセス2020年10月6日
・環境省　「水質汚濁対策」
　https://www.env.go.jp/air/air_pamph/air_pamph02.pdf　最終アクセス2020年10月6日
・国立研究開発法人　水産研究・教育機構　令和元年度国際漁業資源の現況「世界の漁業の現状
　と資源状況について」
　http://kokushi.fra.go.jp/R01/R01_01.pdf　最終アクセス2020年10月6日

ワークショップ（アンケート）　—海の豊かさを守るために—

アンケート調査から、若者の海の環境に関する意識などについて調べてみましょう。

（1）グループで手分けして、友達100人にアンケートをとってみましょう。

世界の海の現状に関するアンケート

1．あなたは、SDGs を知っていますか？　　　　　　　　　　　　　　はい　　いいえ
2．あなたは、海にプラスチックごみが流出しているのを知っていますか？
　　　　　　　　　　　　　　　　　　　　　　　　　　　　　　　はい　　いいえ
3．あなたは、海の生き物がプラスチックごみで傷ついたり死んだりしていることを知って
　　いますか？
　　　　　　　　　　　　　　　　　　　　　　　　　　　　　　　はい　　いいえ
4．あなたは、今のままで世界は持続可能だと思いますか？　　　　　はい　　いいえ
5．あなたは、海は世界中つながっていると感じますか？　　　　　　はい　　いいえ
6．あなたは、きれいな海を維持するために自分にできることがあると思いますか？
　　　　　　　　　　　　　　　　　　　　　　　　　　　　　　　はい　　いいえ
7．（6．でいいえと答えた方に質問です）
　　その理由は何故ですか？
　【　　　　　　　　　　　　　　　　　　　　　　　　　　　　　　　　　　　】
8．あなたは、プラスチックごみを分別して捨てていますか？　　　　はい　　いいえ
9．あなたは、食べ残さないように気を付けていますか？　　　　　　はい　　いいえ
10．あなたは、海を守るための活動に参加したことがありますか？　　はい　　いいえ

（2）統計処理してグラフをつくってみましょう。

（3）グラフから何が言えるか考えて書いてみましょう。

（4）アンケートで何がわかったか、グループで話し合って考えてみましょう。

陸の豊かさも守ろう

15番目のゴールは、「陸上生態系の保護、回復および持続可能な利用の推進、森林の持続可能な管理、砂漠化への対処、土地劣化の阻止および逆転、ならびに生物多様性損失の阻止を図る」である。

1. 森林破壊

世界の森林面積は、1990〜2020年の30年間で日本の国土面積の約5倍である1億7800万 ha が減少した（表2-15-1）。

表2-15-1　世界の森林面積の推移　1990-2020（林野庁「世界森林資源評価2020 Main report　概要（仮訳）」より）

年	森林面積 [1,000 ha]	年間減少面積 [1,000 ha]	年間純減少率 [%]
1990	4,236,433		
		−7,838	−0.19
2000	4,158,050		
		−5,173	−0.13
2010	4,106,317		
		−4,739	−0.12
2020	4,058,931		

表2-15-2　年平均森林面積減少刻上位10カ国 2010-2020（林野庁「世界森林資源評価2020　Main report　概要（仮訳）」より）

順位	国	森林面積純変化 [1,000 ha/ 年]	[%]
1	ブラジル	−1,496	−0.30
2	コンゴ民主共和国	−1,101	−0.83
3	インドネシア	−753	−0.78
4	アンゴラ	−555	−0.80
5	タンザニア連合共和国	−421	−0.88
6	パラグアイ	−347	−1.93
7	ミャンマー	−290	−0.96
8	カンボジア	−252	−2.68
9	ボリビア	−225	−0.43
10	モザンビーク	−223	−0.59

備考：変化率（％）は年平均率として算出

全森林約40億6000万 ha の半分以上は森林面積上位5カ国のロシア連邦、ブラジル、カナダ、アメリカ合衆国、中国に存在する。日本の森林面積は約2500万 ha で、日本の森林率は68.7％と OECD 加盟国37カ国中では3番目に高くなっている。

地域別に森林面積の推移を見てみると、アフリカと南米で減り方が顕著であることがわかる。中国で森林が増加したことなどにより、アジアは地域としては増加しているが、表2-15-2でわかるように個別に見るとカンボジア、インドネシア、ミャンマーでは森林は減少している。

森林の減少・劣化の原因の主な原因の1つとして、プランテーションがあげられる。プランテーションとは熱帯・亜熱帯地域で単一作物の栽培を行う大規模農園のことである。栽培する作物としてはサトウキビ、バナナ、カカオ、コーヒー、パーム油の原料となるアブラヤシなどがある。パーム油は私たちの生活で欠かせない食料や日用品の原料となっている。プランテーションは輸出向け作物を大量に効率よく生産することができるが、そのために広大な森林を伐採し農地へと転換している。

他にも、開発途上国における燃料用木材としての過剰な伐採、違法伐採、土地の回復力を無視した非伝統的な焼畑農業の増加なども原因の1つである。

2．砂漠化

　砂漠化は、砂漠化対処条約で「乾燥地域、半乾燥地域、乾燥半湿潤地域における気候上の変動や人間活動を含む様々な要素に起因する土地の劣化」と定義されている。砂漠化の影響を受けやすい乾燥地域は、地表面積の約41％を占めており、そこで暮らす約20億人以上の大半は開発途上国の人々である。砂漠化は食料の供給不足、水不足、貧困の原因にもなっている。砂漠化の原因としては、気候変動、干ばつなどの気候的要因と、過放牧、森林減少、過耕作などの人為的要因がある。

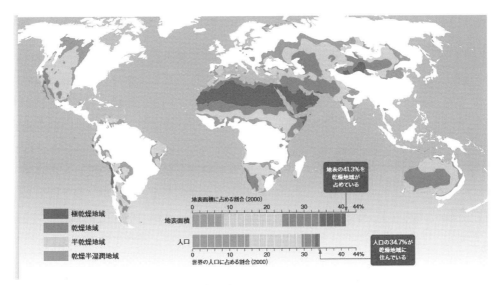

資料 Millennium Ecosystem Assessment（2005）
図2-15-1　砂漠化の影響を受けやすい乾燥地域の分布（出典：環境省「砂漠化する地球　—その現状と日本の役割—」より）

3．生物多様性

　森林のなかでも、熱帯林は地表の数％しかないにもかかわらず、地球上の生物種の半数以上が生息している。その熱帯林が消失することは、そこに生息する多くの野生生物が絶滅してしまうことにつながる。一度絶滅してしまった種は、二度と地球上に戻ることはない。熱帯林では、様々な生物同士の相互作用で多様な環境をつくり出している。森林、微生物、植物、昆虫、鳥類、爬虫類、両生類、ほ乳類など、多種多様な生物がお互いに作用しバランスを保って生息している。森林が減少すると、生物の生息する場所が奪われてしまう。例えば木が伐採され蜂などの昆虫が住処を失ってしまうと、その昆虫たちによって受粉していた植物は繁殖できなくなってしまう。その

写真 2-15-1　ボルネオ島の固有種で絶滅危惧種に指定されているテングザル（筆者撮影）

写真 2-15-2　ボルネオ島の熱帯雨林（筆者撮影）

植物が少なくなれば、その植物の実を食べていた鳥やほ乳類も減少してしまう。現在、地球上では1日に約100種、1年間に約4万種の生物が絶滅していると言われている。そしてそのスピードは加速しており、このままでは25〜30年後には地球上の全生物の4分の1が消えてしまう計算になると言われている。

4．森林保全

　植林された人工的な森は、人工林と呼ばれ、もとからある天然林とは区別して考える。わが国においても、戦後の木材不足から植林が行われ、現在日本の森林面積の約4割を占めている。間伐などの手入れをされないまま荒廃した人工林は、土砂流出防止や水源かん養といった本来森林が持つ様々な機能を発揮できない。むしろ、手入れがされず光が届かない暗い森林は下草が育たず地表面が露出することで土壌が侵食されやすくなり、山崩れが発生しやすくなる。腐葉土が育たぬまま土壌が流出してしまうことにより、海の生態系にも悪影響を及ぼす。このように森林と海はつながっており、豊かな森林が豊かな海をつくるのである。

〔文献〕
・林野庁「世界森林資源評価（FRA）2020メインレポート 概要」
　https://www.rinya.maff.go.jp/j/kaigai/attach/pdf/index-22.pdf　最終アクセス2020年10月7日
・環境省「砂漠化する地球　―その現状と日本の役割―」
　http://www.env.go.jp/nature/shinrin/sabaku/index_1_1.html　最終アクセス2020年10月7日
・環境省「森林と生きる―世界の森林を守るため、いま、私たちにできること―」
　https://www.env.go.jp/nature/shinrin/download/forest_pamph_2016.pdf　最終アクセス2020年10月7日
・環境省「いのちはつながっている―生物多様性を考えよう―」
　https://www.env.go.jp/nature/biodic/inochi/pdf/full.pdf　最終アクセス2020年10月7日
・滋賀県「世界から見た日本の森林の今」
　https://www.pref.shiga.lg.jp/moridukurinet/forest/105844.html　最終アクセス2020年10月7日

ワークショップ（現地調査）　―陸の豊かさを守るために―

現地調査（フィールドワーク）から、あなたの地域の陸の豊かさについて考えてみましょう。

（1）調査現場を決めましょう。
  ・生物多様性が保全されている場所
  ・生物多様性が脅かされている場所
  ・森林の保全が行われている場所
  ・森林の豊かさが失われつつある場所
  ・その他、陸の豊かさを感じられる、豊かさが失われつつある場所など

（2）調査することを決めましょう。
  ・どれくらいの生物が保全されているのか
  ・なぜ生物多様性が脅かされているのか
  ・森林の保全により環境はどうなったのか
  ・森林が荒廃することによる影響　など

（3）現地をグループで歩きながら、写真を撮ってみましょう。

（4）撮影した写真に2、3行のコメントを書き、写真報告書をつくってみましょう。

（5）プリントアウトした写真報告書をみんなに発表しましょう。

平和と公正をすべての人に

16番目のゴールは、「持続可能な開発に向けて平和で包摂的な社会を促進し、すべての人に司法へのアクセスを提供するとともに、あらゆるレベルにおいて効果的で責任のある包摂的な制度を構築する」である。

　ユニセフ（国連児童基金）は、紛争や災害の影響を受ける地域に暮らす子どもの数は５億3500万人で、全世界の子どもの４人に１人にあたり、その多くは医療や質の高い教育、適切な栄養や保護を受けられずにいると発表している。そうした紛争や災害などの緊急事態下にある子どもの約４人のうちの３人にあたる３億9300万人はサハラ以南のアフリカに暮らし、次いで中東・北アフリカの子どもが12％を占めている。このように見ると紛争や災害は、貧困をさらに悪化させてしまうため、必然的にもともと貧しい開発途上国の子どもに大きなしわ寄せがいくことになるのである。

１．紛争や災害で学校に行けない

　ユニセフによると、世界で学校に通っていない５歳から17歳の子どもの数は３億300万人で、その３分の１以上に相当する１億400万人は、紛争や自然災害の影響を受ける国に暮らしている。

　小学校に通っていない子どもに関しては、学校に通っていない子どもたちの半数以上が紛争や自然災害の影響を受ける国に住んでいる。

　そして、紛争や自然災害の影響を受ける国に暮らす15歳から17歳の子どもの18％はこれまで一度も小学校すら通ったことがなく、14％は退学し、９％はいまだに小学校に通っている。つまり、５人に２人以上が小学校を卒業していないことになる。さらに、中学校に進学した54％のうち卒業できたのは29％で、高校に進学できた子どもは27％という状況である。これは、世界の紛争や自然災害の影響がない国の高校進学率の50％と比べると約半分にしかならない。

　また、国別に見ると入手可能なデータがある国のなかで、ニジェールは中等教育の学校に通っていない割合が76％と最も高く、中央アフリカ共和国が67％、南スーダンが65％と続く。

２．紛争に翻弄される子どもたち

　現在、世界中の約60カ所で紛争が起きている。その内約50％がアフリカ、約40％がアジアである。そして、現在世界では約３億5700万人もの子どもたちが、紛争の影響を受けている地域に暮らしている（2018年現在）。

　本来、子どもは大人によって保護されるべき存在である。にもかかわらず、紛争に

よって、最も過酷な状態に置かれているのが子どもである。例えば、難民、国内避難民となり、劣悪な環境のなかで食事も満足にできない子どもたちがいる。また、戦闘に巻き込まれている子ども、少年兵として戦場の最前線で戦わされている子ども、武装グループとのつながりがあるとされて拘留されている子どもなど、子どもたちは生死の境に立たされているのである。

そのようななか、ユニセフをはじめ多くの国際機関が紛争下における子どもの保護に尽力しているが、国際法等に違反する行為が国際的な監視システムによって確認され続けている。過去15年間で、重大な違反行為が確認されただけでも25万件（下記を含む）に上る。

7万7000人以上の子どもが徴用・使用された。

10万人以上の子どもが殺傷された。

1万5000人以上の子どもがレイプと性暴力を受けた。

2万5000人以上の子どもが誘拐された。

1万7000件近くの学校や病院が攻撃を受けた。

1万1000件近くの人道的アクセスが拒否された。

3．存在しない子どもたち

ユニセフによると、世界174カ国で出生登録されていない子どもの数は1億6600万人（5歳未満の子ども）おり、世界の子どもの4人に1人に上る。つまり、彼らは、法的にはこの世界に存在しない子どもたちである。

図2-16-1を見ると地域別では、アフリカが約6割弱、アジアが4割弱を占めており、ほとんどがアフリカとアジアである。また、国別では、インド、ナイジェリア、エチオピア、パキスタン、コンゴ民主共和国の5カ国だけで50％を超えている。

特に、サハラ以南のアフリカの国々の大部分の出生登録率は低く、エチオピア（3％）、ザンビア（11％）、チャド（12％）は世界で最低水準の出生登録率である。

全ての子どもには名前、国籍、法的身分に対する権利があるにもかかわらず、出生登録がされない理由は、親の出生登録方法に関する知識不足、申請料金の高さや登録が遅れた場合の追加料金、登録施設までの遠さなどがあげられる。

出生登録されていない子どもは法的に存在しないだけでなく、政府の政策や法律においては存在しないことになる。つまり、身元の証明ができないことになり、結果としてその子どもは予防接種が受けられない、学校に入れない、犯罪にあっても裁判ができない、さらわれて国外に売り飛ばされたら国に戻れない、搾取や虐待を受けやすくなるなどの問題が起こる。

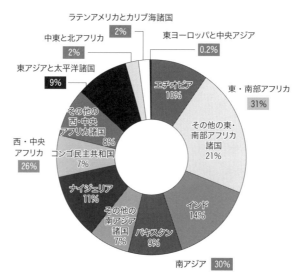

図 2-16-1　出生登録のない 5 歳未満の子ども地域分布
（出典：ユニセフ報告書『2030年までにすべての子どもに出生登録を：その進捗は？』）

4．子どもの未来に向けて

　子どもは、本来、大人によって保護され育てられる存在であり、無力である子どもたちは自分の意志で人生や生活を選択することはできない。にもかかわらず、現在、世界では多くの子どもたちは、大人たちに守られることなく過酷で時には残酷とも言える生活を強いられている。

　一方、世界の若者の人口は急速に増加しており、2030年までには10歳から19歳までの若者の数が現在から 8 ％増えて13億人を超えると予想されている。

　これから、より多くの子どもたちが不公平な社会で自分の能力を開発する機会も与えられずみじめな生活を送ることになるか。あるいは、より多くの子どもが将来を担う能力を身に着け、豊かな社会を構築していく人材として育っていくか。私たち大人の手にかかっているのである。

〔文献〕
・ユニセフ報告書『盗まれた将来：学校に通っていない子どもたち』2018年
・ユニセフ報告書『2030年までにすべての子どもに出生登録を：その進捗は？』2019年

ワークショップ（p4c） ―世界の不公正について「探求」しましょう―

p4Cとは、子ども哲学というワークショップです。もちろん大人が行っても大きな意味があります。グループで決めた「問い」を皆で話し合うことで「探究」していきます。答えを出すことが目的でなく、皆がお互いをリスペクトして安心してゆっくり話し合うことで考えを深めていきます。

1）グループをつくります
8人前後のグループをつくり、グループごとに輪になって座ります。机は使いません。

2）全員で「問い」（テーマ）を選びます
テキストを読み、各自が話し合いたい「問い」を考えて話をし、板書します。どのテーマを話し合うか、投票か話し合いで決めます。
例：「なぜ紛争が起こるのでしょう」、「どうして貧困が生まれるのでしょうか」、「大人はなぜ子どもをまもらないのでしょうか」　など

3）コミュニティボールを使って対話します
「問い」が決まったら、対話をスタートさせます。対話は、必ずコミュニティボールを持っている人が話します。話し終わったら、誰かにそのボールを渡します。渡された人は、話をします。ただし、パスしてもかまいません。
※1コミュニティボールは、毛糸を巻いたもの、柔らかいボールなど。
※2より深く探求するための「合言葉」（哲学者の道具箱）を決めておきます。
「もう少し大きな声で話してください」、「例をあげてください」、「静かにしてください」、「もう一度お願いします」、「わかりました」、「一人ずつ話しましょう」　など

4）振り返りを行います
話し合った感想や自分の考えのまとめを行います。

5）グループごとに発表します
答えを出すというよりは、グループで話し合った内容を簡単にまとめて発表します。
＊小学生、中学生の場合は、先生などがファシリテーターとなって関わります。高校生や大学生、社会人はグループの一人がファシリテーターをしましょう。ファシリテーターは、会話を促進するのであって、答えを出すことを求めません。みんなが安心して話し合える場をつくることを心がけます。

パートナーシップで目標を達成しよう

パートナーシップで目標を達成しよう

17番目のゴールは、「持続可能な開発に向けて実施手段を強化し、グローバル・パートナーシップを活性化する」である。

1. 包摂的なパートナーシップ

　目標1から16までは、それぞれの国が国内の調整や努力によって達成できるものもあるが、17番目の目標は先進国や開発途上国を含めた各国政府や民間セクター、市民社会等のパートナーシップにより、社会を動かしていこうというものである。SDGsの17の目標には169項目のターゲットがあり、そのうち先進国にも関係する内容が130ほどある。SDGsと言えば、先進国による途上国への人的・経済的支援を思い浮かべるかもしれないが、実際は先進国が国際協力の「受け手」になることによって、SDGsのグローバル性を担保するという視点を忘れてはならない。国籍や人種、民族、性、宗教、職業など異なる文化背景を持つ人間同士が互いに配慮を払い、「誰一人取り残さない」（no one will be left behind）というスローガンの実践が求められている。

2. 政府開発援助（ODA）について

　開発協力とは、「開発途上国地域の開発を主たる目的とする政府および政府関係機関による国際協力活動」のことを指すが、そのための公的資金を ODA（Official Development Assistance（政府開発援助）という。日本は、国際社会の平和と安全お

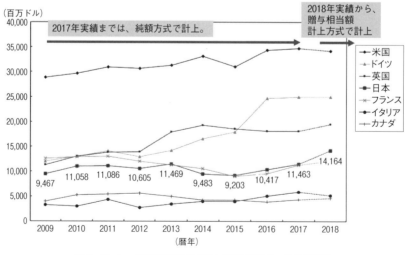

図2-17-1　主要援助国の ODA 実績の推移　外務省 HP

よび繁栄の確保により、一層積極的に貢献することを目的として開発協力を行っているが、このような取り組みによる国際環境の形成は日本の国益の確保にもつながる。

　日本の開発協力の歴史は、日本の平和国家としての歩みを体現するものであり、国際協調主義に基づく「積極的平和主義」の実践として、外交政策の最も重要な手段の1つと位置付けられている。OECD開発援助委員会（DAC）によるODAの実績を見ると、日本は第4位となっており、これまで国際社会における地位を向上させるうえで、大きな成果を上げてきた。しかし、近年の日本の財政・経済状況を鑑みると、ODAへの共感が得られにくくなっていることから、国際社会における日本の役割について、国民の理解と支持を改めて促進する時期にきている。

3．開発途上国の債務負担

　途上国の債務負担が問題視され始めたのは、1980年代からである。第一次オイルショックによる原油価格の上昇や途上国各国の開発計画の破綻、先進国の景気低迷などが原因とされている。この問題は今世紀に入りますます深刻さを増しているが、主要国による支援体制は遅れており、それが途上国の国債の価格下落と相まって、世界の金融市場の潜在的な不安定要因になっている。

　2020年4月に開催されたG20財務省・中央銀行総裁会議において、重い債務負担に苦しむ途上国に対して、2020年末までに支払い期限を迎える債務の元本や利子の返済を猶予する方針が出されたが、同7月には更なる延長が議論されており、国連貿易開発会議（UNCTAD）は、途上国が抱える1兆ドル（約107兆円）の債務帳消しの必要性を指摘している。

　近年、途上国への融資で存在感を増しているのが中国である。中国の融資先は、中国の国家戦略である「一帯一路構想」の参加国向けのものが多いことが特徴である。この事実は、中国と米国を中心とする先進国との対立を鮮明化させ、途上国の債務問題に大きな影を落としている。

　途上国の債務問題の解決には様々な障害が立ちはだかっているが、もしどこかの国で債務不履行（デフォルト）が発生すれば、世界経済の混乱の要因となる。今一度、世界各国は中長期的なグローバル・ビジョンを共有し、確かな未来を共に創造しうる関係を構築していかなければならない。

4．ターゲット

　目標17には、19のターゲットが設定されている。この19のターゲットは大きく①資金、②技術、③能力構築、④貿易、⑤制度・政策、⑥マルチステーク・パートナーシップ、⑦データ、モニタリング、説明責任、の7つに分類できる。SDGsの各目標を達成するためには、この目標17が極めて重要な意味を持っている。途上国の支援に

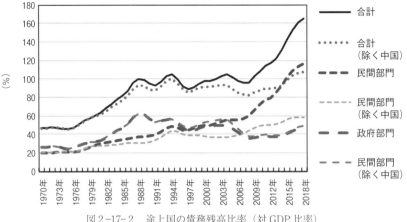

図 2-17- 2　途上国の債務残高比率（対 GDP 比率）

は先進国による開発援助が必要であり、これは各国政府のみならず、企業や NGO、個人での活動を含め、多面的な活動により実現されるものである。

　UNCTAD は、途上国が2030年までに SDGs を達成するためには、2 兆5000億ドルの資金が不足していると報告している。しかし、17.2のターゲットで示す「先進国は、開発途上国に対する ODA を GNI 比（国民総所得比）0.7％に」には未だ達しておらず、0.32％にとどまっている。一方、民間投資は 1 兆4000億ドルが流入しており、ODA と同様に大きな期待が寄せられている。

　目標17は途上国に対する支援が全面的に打ち出されているのが特徴だが、これは SDGs の前身である MDGs の目標 8 「開発のためのグローバルなパートナーシップの推進」を継承したものである。資金提供や債務救済のみならず、科学技術や人材育成も重要な要素であり、先進各国は様々な方面を通じて、途上国にこれまで以上に開かれた貿易を実施していく必要がある。

〔文献〕
・国際連合広報センター HP
・一般社団法人 Think the Earth『未来を変える目標』紀伊國屋書店　2018年
・外務省 HP
・「G20、途上国債務の返済猶予、1 ～ 5 年検討、アフリカなど1000億円超」日本経済新聞　2020年 4 月11日
・山口勝義「新型肺炎による途上国の混乱と欧州経済への影響波及」金融市場　2020年 5 月号

ワークショップ（グラフの読み方）

本文中の図2-17-1、図2-17-2のグラフから先進国と途上国の関係性を考えてみましょう

出典：JICA HP

ODA 実績の推移	
途上国の債務残高の推移	
包括的なパートナーシップの方向性について	

2．発表しあって、私たちに何ができるか意見を交換しましょう。

第 3 部
SDGs を見据えた活動

1．災害に強いまちづくり

1．災害とまち—2つの大震災から—

人間社会に全く影響をもたらさない地震・津波や台風を「災害」とは呼ばない。人命・心身や人工物、活用資源に影響があるからこそ、自然現象が「災害」となって私たちの課題となるのである。災害の大きさは主に、Hazard（自然災害の規模）、Exposure（災害にさらされる人口）、Vulnerability（社会の脆弱性）の3要素の影響を

表3-1-1　阪神・淡路大震災の震災復興土地区画整理事業　国土交通省

都市名	都市計画	事業地区名	面積 (ha)	完了日
神戸市	森南	森南第一地区	6.7	平成15年2月
		森南第二地区	4.6	平成15年2月
		森南第三地区	5.4	平成17年3月
	六甲道駅西	六甲道駅西地区	3.6	平成13年7月
		六甲道駅北地区	16.1	平成18年3月
	松本	松本地区	8.9	平成16年12月
	御菅	御菅東地区	5.6	平成15年4月
		御菅西地区	4.5	平成17年3月
	新長田・鷹取	新長田駅北地区	8.5	平成23年3月
		鷹取東第一地区	19.7	平成13年2月
		鷹取東第二地区	59.6	平成20年3月
	湊川町1・2丁目		1.5	平成14年9月
	神前町2丁目北		0.5	平成12年12月
芦屋市	芦屋西部	西部第一地区	10.3	平成15年5月
		西部第二地区	10.7	平成17年2月
	芦屋中央		13.4	平成14年5月
西宮市	森具		10.5	平成13年10月
	西宮北口駅北東		31.2	平成20年10月
尼崎市	筑地		13.7	平成19年11月
淡路市	富島		20.9	平成21年10月
計	20事業地区		255.9	

資料）兵庫県「阪神・淡路大震災の復旧・復興の状況について」より国土交通省作成

受ける。つまり、同規模の Hazard であっても、多くの人口が脆弱な社会に集中していれば大規模な災害となってしまう。したがって、災害対策においてまちづくりは非常に重要であると言える。

　1995年の兵庫県南部地震による阪神・淡路大震災、2011年の東北地方太平洋沖地震による東日本大震災、この２つの大震災は、災害とまちづくりに関する多くの課題を具体的に示した。阪神・淡路大震災は都市型の災害であり、建物倒壊による圧死、木造密集地域における火災に加え、電気・ガス・水道・交通・通信等の社会インフラ喪失が被害を長期化させた。東日本大震災は、広域な津波被害、原子力発電所事故との複合災害によって、大きな被害が出た。犠牲となったひとつひとつの命や復興までの厳しい道のりを数で語ることはできないが、まちとしての課題は数値や統計として現れる。これらを教訓に、次の災害による被害を抑えなければならない。

２．SDGs の視点から

　災害とまちづくりについて SDGs の視点から見ると、直接的にはゴール11の「住み続けられるまちづくりを」にあたる。しかし、原因や具体策について考えると、貧困（ゴール１）、パートナーシップ（ゴール17）、気候変動への対策（ゴール13）とも関連が深いことがわかる。

１）貧困

　災害は社会の弱いところにより大きな影響をもたらす。平常時に貧困に苦しむ人たちは、さらに苦しい状況となる。例えば、地震により自宅が大きな被害を受けた場合や勤務先の業績が悪化した場合を考えてみよう。金銭的に余裕がある人には、宿泊施設に避難し、より堅牢な家を再建するという選択肢がある。一方でスラムなど住宅事情の悪い人々は、それを失えば自力再建は難しく、公的な支援等に頼るほかない。また、仕事を継続できる人は生活再建がしやすい一方で、不安定な雇用状況にある人は、災害後の不況によって仕事を失いやすく、さらなる貧困に陥る可能性がある。生活環境の不均衡は、災害を機に拡大するのである。

２）パートナーシップ

　まちづくりといえば、行政の仕事というイメージが強いかもしれない。実際に都市計画や市街地整備は市や県の重要な役割の１つであり、個人では取り組むことができない事業を担っている。

　しかし、まちづくりには市民の参画が必要である。ここでいう市民とは、家庭・地域・職業人としての役割や立場を持つ、あるいは社会において様々な障害や介護等の困難を感じている多様な人たちのことである。

特に災害後は、一度失った機能を再建する際、そこに住む市民が従来感じてきた安全性や利便性の課題に対する解決策が反映できる貴重な機会となる。実際に、阪神・淡路大震災後、神戸市は「まちづくり協議会」を自治会単位で設置した。延焼などが大きな課題となった地域では、防災緑地や緊急車両が通ることのできる道路の拡幅のためには、「減歩」という住民からの用地提供が不可欠であり、これを実現するには多くの困難が伴ったが、その結果、より安全なまちが実現した。また、国土交通省都市局・住宅局は平成24年6月に「東日本大震災の被災地における復興まちづくりの進め方（合意形成ガイダンス）」を作成し、被災者とともに「まちづくりの基本方針」を定めるよう示している。

　ただ災害直後のまちづくりは、被災した人々の生活再建の時期と重なり、計画に充てることができる時間は限られる。そのため最も望ましいのは、平常時から多様な人々がまちづくりに参画し、災害時の課題に対する解決案を事前に検討し、行政とのパートナーシップによって災害前に実現させておくことである。市民と行政の仲介役を担うNPOなどの非営利組織も増えてきている。

3）気候変動

　近年、日本の台風被害が大きくなっている。原因として気候変動による、台風の大型化・強力化・進路変更があり、これまでの対策では不十分な事例も目立つようになってきた。

写真3-1-1　2020年7月豪雨後の球磨川流域の被害

　具体的には、これまで台風が強大なまま上陸する地域は九州・沖縄が中心であり、近畿や関東に至るころにはその勢力がある程度減衰することが多かった。そのため、電柱の耐風性や家屋の構造は、両地域で異なっている。しかし、2018年9月の台風21号は大阪府や兵庫県、2019年10月の台風19号は千葉県や東京など、近畿や東海地方にも大きな被害をもたらした。また、これまで比較的復旧が早いといわれていた電力も、高潮や飛来物による電線の破損や、道をふさぐ倒木により、完全復旧までにそれぞれ2週間超を要したのである。この間の不便は、都市部の生活に大きな影響を与えた。

　台風に限らず、1時間に80mmを超える豪雨が各地で毎年のように降っている。多くの都市で採用されている1時間あたりの排水量が50mmでは間に合わず、各地で内

水氾濫が起きている。これらは気候変動によるものと考えられ、都市インフラの見直しが必要となっている。

　このように、災害に強いまちづくりの実現は、SDGsの複数のゴールを目的とした取り組みとの連携によって、はじめて可能となるのである。

3．国際協力と災害に強いまちづくり

　甚大な被害をもたらす大規模地震等の発生頻度は、人間の一生という時間スケールで見ればかなり低い。当然低ければ低いほどが良いのだが、激甚災害対策の手法は、発生頻度の低さゆえに個人や組織の実体験を直接次の災害に活かすことは難しいという側面を持つ。さらに、全く同じ状況で発生する災害はない。

　また、日本はこれまでのハード・ソフトの対策によって、かつて頻度の高かった風水害による死者を減らすことに成功しており、犠牲者が100人を超える風水害は明らかに減少している。しかし、アジアの他国に目を転じれば、バングラデシュなど風水害によって毎年のように多数の死者が出ている国がある。

　そのため、災害対策の手法を次の災害に有効に活かすためには、経験者から未経験者へのリレーにより、一般化され、特性に応じて適応されつつ、時間的にも空間的にも長く広く共有されなければならないだろう。

　そこで、災害対策のノウハウや知見を国際的にも活かそうとする取り組みに注目したい。

1）JICA の国際協力事業―防災の主流化―

　世界の195の国々のうち、開発途上国は150以上あると言われ、私たちの生活は食料やエネルギー資源、衣料などの多くをそれらの国々からの輸入で賄っている。日本が取り組むODA（政府開発援助）は、単に開発途上国の支援というだけではなく、共存なくして日本は成り立たないのである。

　しかし、開発途上国が災害に脆弱であれば、支援はその効果を充分に発揮できない。「開発途上国において、災害を未然に防ぎ、被害を軽減するための防災事業に十分な予算が振り分けられず、結果として災害によって人命だけでなく経済的成長の成果と機会が繰り返し奪われ、貧困からの脱却と持続的開発を困難にしている」(JICA：持続的開発と防災の主流化) のである。防災を目的とした事前投資は、災害後の復旧にかかる額のおよそ7分の1と試算され、近年の開発支援には防災投資の必要性が認められている。

２）国連世界防災会議―Build Back Better　復旧から復興へ―

　これまで国連世界防災会議は３度開催されており、いずれも開催地は日本である。第１回は1994年に横浜で、第２回は2005年に神戸で、第３回は2015年に仙台で行われた。仙台会議では、阪神・淡路大震災の経験からの教訓「兵庫防災枠組」をふまえ、次の４つの優先行動が示された。

１．災害リスクの理解

２．災害リスク管理のための災害リスクガバナンスの強化

３．レジリエンスのための災害リスク軽減への投資

４．効果的な対応のための災害準備の強化と回復・復旧・復興に向けた「より良い復興」

　ここにおいても、災害前にはリスク軽減のために事前投資を行い、災害後には従前の姿に戻すのではなく、被災地の課題改善につながるより積極的な復興を目指すBuild Back Better の重要性が再認識された。

３）大学間連携―防災を中心としたアジアの大学との連携事例―

　筆者が所属する関西国際大学は、アジア６カ国14大学での共同事業としてセーフティマネジメント教育を推進している。特にアジアの共通課題とも言える防災分野では、共通シラバスによる授業の実施、学習到達目標であるルーブリックを共有し、年に１回以上の合同実習等を展開している。合同実習ではこれまでインドネシアやマレーシアや日本に連携大学の学生が集まり、地域の防災訓練や小学校における防災学習を視察し、共同で防災教育教材を開発してきた。

　同じアジアといっても、経験した災害は様々であり、防災教育のありかたは各国の文化や生活様式によって多様である。しかし、災害経験の視野を日本からアジアへと広げることで、共有できる経験や新しい学びの機会は増やすこともできるのである。

　平常時の連携は、2020年に世界各国に深刻な影響を及ぼした新型コロナウイルス（COVID19）禍においても継続され、インターネット回線を活用した情報交換や交流が行われた。感染症がもたらす影響を含め、グローバルな視点での学びにつなげようとする取り組みの一例である。

　以上のように、国によって災害や課題は異なるが、人命を守り社会を発展させていくためのノウハウは、国際社会において広く共有される意義は大きい。

５．これからの課題

　グローバル化に伴い、ますます世界は狭く近くなったといえよう。情報は瞬時に共有され、国際的な分業が進み、あるまちの課題が社会全体に影響するようになった。

サプライチェーンは毛細血管のように世界中に張り巡らされ、1地域の被災によって部品供給がストップすれば、たちまち他国の地域産業が大きく打撃を受ける。

　また、まちの発展と人口集中に伴い、都市のエネルギー依存度も高くなっている。とりわけ電力依存は建物の高層化やコンピュータネットワークの浸透によって急速に進み、システムダウンは都市が警戒すべき大きなリスクの1つとなった。

　しかし悪いことばかりではない。かつて高層建築物における大規模火災は、西欧社会で多くの犠牲を出していたが、日本にその技術が活用される時には、防火防災対策も同時に取り入れることができた。同様に、災害のデパートと言われる日本の経験は、発信と交流によって、他国の災害に強いまちづくりに貢献できるだろう。

　このように私たちは、世界で起きる様々なリスクを共有するだけではなく、世界の誰かが既に経験したことを教訓にすることができるのである。

ワークショップ

1）災害に強いまちづくりが、SDGsにとってなぜ必要か、これからどうあるべきなのかを考え、自分なりの意見も含めて、グループで発表し、話し合ってみましょう。また、各自が本文に紹介している以外の市民によるまちづくり参画事例を調べて、共有することで防災まちづくりの知識を広げましょう。

2）災害後の次の復興計画について、どのような立場の人々が関係し、どのような課題があったかを調べ、それぞれの事例から学びましょう。
◆阪神・淡路大震災における商店街の再開発
◆東日本大震災における居住地の高台移転
◆米国ニューオリンズ州におけるハリケーンカトリーナ後のまちの再建

3）災害に強いまちづくりのためには、多様な市民の参画が必要だといわれています。どのような人々が参画すれば、どのような視点が充実するでしょうか。また、海外も含めて、災害前に取り組むためには、どのような仕組みが必要となるか、考えてみましょう。

〔文献〕
・石川幹子「復興まちづくりの特質と課題」『学術の動向』2012年17巻11号
・国土交通省都市局・住宅局「東日本大震災の被災地における復興まちづくりの進め方（合意形成ガイダンス）」https://www.mlit.go.jp/common/000213268.pdf　最終アクセス2020年11月1日
・JICA防災分野ポジションペーパー「JICAの防災協力：防災の主流化に向けて―災害に強い社会を作る―」https://www.jica.go.jp/aboutoda/sdgs/disaster.html　最終アクセス2020年11月1日
・国際連合広報センター「Sendai Framework for Disaster Risk Reduction 2015-2030」https://www.preventionweb.net/files/43291_sendaiframeworkfordrren.pdf　最終アクセス2020年11月1日

2. 防災教育の普及

1．防災教育

　わが国は地形条件から様々な災害が発生している。日本は、地理的条件から特に火山噴火、地震、津波、台風など自然災害の影響を受けやすい。北アメリカプレート、ユーラシアプレート、太平洋プレート、フィリピン海プレートの４つのプレートの境界に位置する日本は、火山や地震が多く、世界で起こる約２割の地震は日本で発生している。加えて、日本は国土の約３分の１が山地であるが、険しい山も多く、国土を縦断する山脈により縦に分けられ幅が狭いため、源流から海に流れる川の長さが非常に短い。山から海までの高低差が大きいため、大雨が降ると「地すべり」や「がけ崩れ」、「土石流」などの被害をもたらす。

　このような地形にある日本において防災教育の必要性が再認識されたのは、1995年に発生した阪神・淡路大震災であった。15秒ほどの強い揺れにより、6434名の方が亡くなり、負傷者は４万3792人の大被害となった。阪神・淡路大震災以前に行われていた日本の防災教育は、単発で行われる避難訓練（学校で放送が流れ外に出る訓練）や理科教育や地学教育としての地震のメカニズムを学ぶことなどが中心となっていた。しかし、これだけでは命を守れないことを痛感した。阪神・淡路大震災は早朝５時46分に発生した災害で多くの人はまだ寝ている時間帯であった。逃げようとしている時にはすでに家が崩れ去っていた。そのため、建物の耐震化を進めることが大きな教訓の１つとなった。防災教育では、災害の知識に加えて、被害について学び、事前に対策する方法を学び備えておくことも必要となる。命を守る技術をつけ、助け合いの心をはぐくむことも必要である。

　防災はハード面、ソフト面が両輪で進められるべきであると考える。例えば地震災害であれば、被害が起こらないためには揺れに強い建築物や道路などを建設することはもちろん重要である。ただ、防災対策は過去の災害被害経験をもとに行われるため、災害規模、発生地域、発生時間などが異なればこれまでになかった状況、つまり、「想定外」は必ず発生する。想定外の被害に直面した際には、状況に応じて的確かつ柔軟な判断に基づく行動選択ができる力が必要となる。防災教育で過去の事例を学ぶことは、このような力を養うことにつながる。防災教育の原点は、一人ひとりの命を守り、被害を少しでも減らすことである。

2．SDGs の視点から

　防災教育を SDGs の視点から見るとゴール11「住み続けられるまちづくりを」、ゴール13「気候変動に具体的な対策を」にあたる。先に日本はその地理的条件からあらゆる災害が頻発する国であることを説明した。その日本で災害とともに生きるためには災害を知り、対策を取り、備える必要がある。そこで教育が力を発揮する。ただ、災害が起こるのは日本だけではない。世界的にも災害は増加傾向にあり、死者1万人を超す災害も少なくない。また、災害による死者や経済被害は所得の低い国ほど影響が大きい（表3-2-1）。さらに言えば、災害による被害額の GDP 比についても同様の傾向がある。

表3-2-1　2000年以降に発生した死者1万人以上の世界の自然
　　　　　災害

2011年3月	日本　東日本大震災	死者 1万9,000人
2010年1月	ハイチ　ハイチ地震	死者 22万2,600人
2008年5月	中国四川省　四川大地震	死者 8万7,500人
2008年4月	ミャンマー　サイクロン・ナルギス	死者 13万8,400人
2005年10月	パキスタン　パキスタン地震	死者 7万5,000人
2004年12月	インドネシア等　スマトラ島沖地震	死者 22万6,000人以上
2003年12月	イラン　バム地震	死者 2万6,800人
2001年1月	インド　インド西部地震	死者 2万人

出典：「世界の主な自然災害」より一部抜粋

　表3-2-2は近年の自然災害による被害額の GDP 比を示したものである。被害額だけを見ると、約65％が高所得国であるが、被害額の対 GDP 比を見ると低所得国や中低所得国においては1つの災害でその国の GDP 比の2割を超えたり、2010年のハイチ地震のように被害額が GDP の約1.2倍になるケースもあり、このような経済被害は開発途上国の持続可能な開発に大きく影響する。

　災害による被害を減少させていくために、ハード面の整備はもちろん、ソフト面での対策も必要となってくる。教育はハード面の整備に比べて低予算で取り組めるため、開発途上国の防災にも大きく貢献してきた（ゴール4「質の高い教育をみんなに」）。筆者は、2004年に発生したスマトラ島沖地震の被害国の1つスリランカにおいて防災教育プロジェクトを行ってきた。そのなかで、現地の教育関係者と防災教育カリキュラムやテキストを作成し、実践事例を積み重ねることで海とともに生きる島国のスリランカの子どもたちが津波を正しく恐れ、対応する方法を伝えてきた。ここではその事例をもとに、防災教育を行うことが、SDGs の複数のゴールを実現させていくために機能しており、また、国際協力活動にも大きく貢献していることを紹介する。

表 3-2-2　近年の自然災害による被害額の GDP 比

世界銀行による所得区分	国名	年	災害種別	被害額（10億ドル）	被災年 GDP（10億ドル）	被害額 /GDP
低	タジキスタン	2008	異常気温	0.84	3.72	23%
	ハイチ	2010	地震	8.00	6.48	123%
	サモア	2012	サイクロン	0.13	0.64	20%
中低	ガイアナ	2005	洪水	0.47	0.79	59%
	ガイアナ	2006	洪水	0.17	0.82	21%
中高	チリ	2010	地震	30.00	171.96	17%
	タイ	2011	洪水	40.00	318.52	13%
高	アメリカ合衆国	2005	ハリケーン	125.00	12,274.90	1 %

H27年版防災白書より

3．スリランカの防災教育（避難訓練に注目して）

　2004年12月26日、インドネシアのスマトラ島北西沖で発生した巨大地震（マグニチュード9.1）が引き起こした大津波は、インド洋沿岸のほぼ全域に甚大な被害をもたらした。死者は20万人をはるかに超えていると言われている。スリランカは震源地から約1600km 離れており、地震の揺れの被害はない。地震発生から約2時間後に襲来した津波は最大10メートルを超えるものもあったと言われ、死者、行方不明約3万6000人（当時の人口は1946万人）、建物被害では約10万戸が被害を受けた。その被害額はおよそ16億ドルを超えると言われている（当時のスリランカの GDP は244億ドル）。

　災害は2004年に発生したが、その後、主だった防災教育や心のケアは行われておらず、被害が大きかったエリアの学校では子どもたちにどのように教育を行えばいいのかわからない状態であった。先生たちは、「子どもたちから、『あの大津波がまたやってくると考えると恐ろしい』『同じような地震がまた発生すると考えると怖くて仕方

写真 3-2-1　沿岸部の建物被害

写真 3-2-2　沿岸部の建物被害

がない』と言われる。どう対応したらいいのだろう？」と悩んでいた。また、津波の影響があった生徒は、活発性が失われたり、無気力になったり、授業に集中できなくなったという。そこで筆者は、阪神・淡路大震災以降、国内外の被災地で心理支援に関わってきた高橋哲氏と防災教育の専門家諏訪清二氏とともに、「スリランカ国における持続可能な『トラウマ・カウンセリングと融合した防災教育』活動推進プロジェクト（JICA 草の根：2011年12月〜2014年12月）」を行った。

写真3－2－3　スリランカの学校での避難訓練

そこでは、教職員、生徒を対象とした津波によるトラウマと防災教育の実態調査を行い、スリランカの現状に見合った防災教育とトラウマ・カウンセリングのカリキュラム、テキスト、研修マニュアルの作成を現地の教職員たちで作成することを目標とした。私たちが目指したのは、スリランカの教職員が主体的にプロジェクトに関わ

写真3－2－4　現地の学校が作成した避難ルート地図

り、成果物として作成するテキストとマニュアルを使って、プロジェクト終了後も心のケアと防災教育が融合した実践を持続的に進めていくことである。

　災害後のトラウマからの回復には心理療法のアプローチが不可欠である。加えて、トラウマからの回復に防災教育も大きく力を発揮する、というのが「心のケアと防災教育が融合した実践」である。「あの大津波がまたやってくると考えると恐ろしい」、「同じような地震がまた発生すると考えると怖くて仕方がない」という被災者は、災害がどのようなメカニズムで起こるのかを学んだり、災害に対して備えをしておくことで、常に恐怖のなかで生活をしていた状況から解放される。つまり、防災教育で災害発生のメカニズムを学び、対策について学び実践することは、被災者に「安心感」を与えることにつながる。命を守る避難訓練を行うことも被災者に「安全感」を与えることにつながる。

　写真3－2－3は、スリランカでプロジェクト中に防災教育、心のケア両方の意味で実践した避難訓練の様子である。生徒たちは、2004年のスマトラ島沖地震津波の浸水エリアをもとに、地域で避難すべき場所を決め、ルートを調べ、マップをつくる（写真3－2－4）。避難訓練を行うことで、もしまたあの大津波がやってきたとしても、

写真3-2-5　現地の生徒たちが作成した防災
　　　　　　新聞

被害を免れるスキルを獲得していくのである。

　ただ、被災経験者に避難訓練を行う時には注意も必要である。訓練放送の音を聞くことにより、津波発生時の恐怖の記憶（トラウマ記憶）が想起され（再体験）泣き出す子もいるためである。そのため、被災地の学校では事前に子どもたちに津波警報の意味を教え、避難経路を一緒に歩くなど訓練のための練習を行う。訓練放送が鳴ったとしても実際にはトラウマ記憶の危機的状況（地震や津波）が起こっていないことへの気づきが行われたために、恐怖の感覚に少しずつ慣れていく（安全感を感じる）ことができたのである。

　スリランカでも、避難訓練は命を守るための訓練であること、警報の音は命を守る音であることを伝え、避難経路を予習する、災害のメカニズムを学ぶ、リラクゼーションの方法を学んだうえで訓練を行うことにより、取り乱す生徒はいなくなった。また、避難訓練とともに防災教育（災害の知識を学ぶ、防災マップをつくる、防災について学び新聞などで家族や地域に伝えるなど）を行うことで、少しずつ子どもたちの学びへの主体性が回復してきた。

4．防災教育がSDGsに果たす役割

　先に紹介したプロジェクトの取り組みの最終段階で、スリランカの大臣と会う機会があり「コストパフォーマンスのいい取り組みをしているのは君たちか」と声をかけられた。世界で災害が起こるなか、日本で行われている様々な防災教育の取り組みは国際協力に必要だと痛感した瞬間でもあった。日本でも海外でも防災対策を行う際の懸念事項の１つとして費用の問題が出てくる。比較的低予算で取り組める防災教育はこの観点から被害軽減、そして、SDGsの目標である、「一人ひとりをとりこぼさない」、「誰も置き去りにしない」世界の確立に寄与すると考える。ただ課題もある。日本では様々な防災教育の取り組みが現場の方々の尽力によって生まれているが、それらを情報共有する仕組みはまだまだ十分でない。しかし、防災教育を行う側、受ける側一人ひとりが情報発信をすることで多くの取り組み事例が広く浸透し、多くの人が防災教育に触れる機会になると考える。

ワークショップ

1）災害による死者や経済被害は所得の低い国ほど影響が大きく、災害による被害額の GDP 比についても同様の傾向があると言われています。国内外では近年、災害が増え続けていることから、本書で取り上げた災害以外についても、被害額 GDP 比を調べ、同様の傾向があるか確認しましょう。

2）2004年に発生したスマトラ島沖地震津波では、インド洋沿岸の国々にも被害が及びました。各国の被害状況を調べ、どのような対策があればこの被害が軽減できたのかを考えましょう。

3）災害への備えでは、一人ひとりの実践がいざという時の力になります。現在、皆さんが行っている災害への備えを３つ取り上げ、その内容を紹介しあいましょう。

〔文献〕

・世界の主な自然災害　http://www.kaigai-shobo.jp/pdf/Disasters_2.pdf　最終アクセス2020年 9 月30日　海外消防情報センター
・平成27年版　防災白書

3. 開発途上国の教育開発

1. 教育開発とは

　日本を含む OECD の国々ではほとんどの人が読み書きができ、子どもは学校に通い、12年以上の教育を受けることができる。日本においては、専門学校や短期大学も含めた高等教育への進学率は82.6％となっている（令和元年度学校基本調査）。しかし、世界の国々、とりわけ、開発途上国と呼ばれる国々では、読み書きができない大人は約8億人にも上る。学校に通えない子どもたちも多く、学校に通えたとしても途中でやめてしまう子どもたちもいる。貧困のなかで働かざるを得ない子どもたち、女子だからという理由で学ぶことを許されない子どもたち、そもそも、紛争や難民といった命の危険にさらされ教育を受けるどころではない子どもたちなど、様々な理由から教育を受けられない子どもたちは世界中で推定2億5800万人（全体の17％）にも上る。

　読み書き計算ができないこと、つまり十分な教育を受けられていないということは、社会的に見れば各産業の生産性が低下するなど経済発展の妨げになるという考え方（人的資本論）のもと教育開発は進められてきた。しかし、活字文化の現代においては、読み書き計算ができないことで個々人の生活に支障をきたし、最悪の場合、命を落とすことにもつながる。つまり、教育を受けることは、人間としての基本的な権利であり、ニーズである（人間の安全保障）との認識が広がってきた。

　1990年にタイのジョムティエンで開催された「万人のための教育世界会議」では、基礎教育が人間の潜在能力を発揮し尊厳を持って生きるために不可欠な教育であり、全ての人がその教育を受ける権利を有することが確認された。30年経った今もなお、未だに世界の全ての子どもがその教育を受けることができておらず、一人でも多くの子どもたちが教育を受けられるようにすることが求められている。

2. SDGs の視点から

　SDGs のゴール4の目標である「質の高い教育をみんなに」は、「すべての人に包括的かつ公正な質の高い教育を確保し、生涯学習の機会を促進する」という目標であり、7つのターゲットからなっている。ターゲット1から6まで基本的には、1990年にタイのジョムティエンで開催された「万人のための教育世界会議」での「万人のた

めの教育（Education For All：以下 EFA）」が軸となっている。この EFA はその後の
ダカール開発目標、ミレニアム開発目標などにも引き継がれ、SDGs のゴール 4 の目
標の中心となっている。

　EFA 以降様々な開発目標のなかで教育の拡充に対して国際機関や政府が力を尽く
してきた結果、2004年までに極度の貧困は半減し、学校に行ける子どもたちも増え
た。しかし、教育を受けられない子どもたちの数がゼロに近づくには至っておらず、
EFA は引き続き国際社会においては重要な課題となっている（ターゲット 1、2）。

　特に教育におけるジェンダー格差や脆弱層への教育等は大幅な改善はされてきてい
ない。女子だからという理由で教育を受けることができない子どもたちや移民や難民
の子どもたち、貧困層や障がいを持った子どもたちなど、困難な状況にある子どもた
ちにも教育を受けられるようにするインクルーシブ教育もまだまだ十分に広がりを見
せているとは言えず、大きな課題である（ターゲット 5）。

　また、SDGs 以降のライフスタイルを学ぶための教育として、「持続可能な開発を
促進するために必要な知識及び技能」（ターゲット 7）が掲げられており、今後の持続
可能な開発のための教育、グローバル・シチズンシップ教育の発展がますます求めら
れる。

3．教育開発による国際協力

　教育における国際協力には、大きく分けてフォーマル教育支援とノンフォーマル教
育支援に分けることができる。前者は、国家の教育省と連携して子どもたちの公教育
である学校教育の支援を行っており、教員の質的改善に向けた教員養成のサポート、
教育行政の改善に向けた教育システムのサポート、具体的な教育カリキュラムのサ
ポートなど国家全体の教育レベルの引き上げを目指している。一方で、後者のノン
フォーマル教育は、貧困層の子どもたちやストリートチルドレン、難民や移民の脆弱
層の子どもたちにフォーカスして識字教育や職業訓練などを行っている他、その子ど
もたちの保護者に対する教育を行うなど幅広い活動となっている。

1）国連機関

　教育、科学、文化の協力と交流を通じて、国際平和と人類の福祉の促進を目指す国
連教育科学文化機関（UNESCO）は1946年に設立され、教育分野においては開発途上
国の政府と協力し、教育カリキュラムの開発などを行っている。

　また、難民や避難民を保護・支援し、難民問題の解決に向けた活動を行っている国
連難民高等弁務官事務所（UNHCR）は、難民の子どもの半数以上、370万人が学校に
通っていない状況に対して、難民キャンプに学校を設立し、子どもたちが初等教育を
受けられるようにする活動を行っている。

その他、全ての子どもの命と権利を守る活動を行っている国連児童基金（UNICEF）は、子どもを取り巻く様々な問題解決の１つとして教育支援を行っている。

２）日本政府

日本政府として国際協力支援を行っている独立行政法人国際協力機構（JICA）も、様々な教育支援を実施している。アフリカで実施している「みんなの学校（School for All）プロジェクト」では、学校運営の意思決定に学校の教職員以外の保護者や地域住民などが参加する参加型の学校運営を導入し、教育改善を図ってきた。

エジプト・日本教育パートナーシップ（EJEP）では、規律や協調性といった学力以外の能力の向上を目指し、日本式教育である掃除や学級回答の特別活動を導入してきた。また、就学前教育から基礎教育、技術教育、高等教育に至る全ての教育課程においてJICAの専門家派遣により包括的かつ集中的な支援を行っている。

３）国際的非政府組織

国際的な子ども支援の団体であるセーブ・ザ・チルドレンは多くの人が知る団体である。第一次世界大戦後の1919年にイギリスで活動を開始したセーブ・ザ・チルドレンは、これまでに日本を含む世界約120カ国で3800万人を超える子どもたちを支援してきた（2019年現在）。その活動は教育のみならず子どもの保護や保健・栄養、防災や緊急・人道支援など多岐に渡る。

また、ワールド・ビジョンも子どもを取り巻く環境改善に力を入れてきた国際組織である。ワールド・ビジョンは1950年にアメリカで設立された団体で、キリスト教精神に基づいて開発援助や緊急人道支援・アドボカシーを行ってきた。直接途上国の子どもたちと手紙でやり取りができるチャイルド・スポンサー制度を導入している。

教育に特化した国際組織としては、ルーム・トゥ・リードがあげられる。ネパールの子どもたちに本を寄贈したことから始まったルーム・トゥ・リードは、識字教育（図書館及び学校建設、児童書配布）プログラム及び女子教育プログラムをベトナム、カンボジア、インド、ラオス、スリランカ、バングラデシュ、ルワンダ、ヨルダンなどで展開している。

４）日本の民間組織

教育開発を行っている日本国内の民間団体は、移動図書館や学校サポートを行っている公益社団法人シャンティ国際ボランティア会、教師派遣を行っている公益財団法人国境なき教師団（CIESF）、スラムの子どもたちの支援をしている国際協力NGOの国境なき子どもたち、障がい者スポーツや体育教育のサポートを行っている非営利特定法人ハートオブゴールド、日本の若者が小学校建設を行う認定NPO法人JHP・学

校をつくる会など、多種多様な団体がある。

この他、近年の ICT の発展に伴い、教育協力の分野でも ICT を用いた支援が実施されている。e-Education は途上国における学校や教師不足を補うため DVD を使って質の高い映像授業を農村地域の子どもたちに提供し、子どもたちの学びをサポートしている。9 年の活動のなかで作成した教材は3695本にものぼり、14カ国 2 万6581人がその教育を受けてきている（2018年現在）。教育協力に新たな ICT の視点を導入した教育のイノベーションは今後も注目したい。

4．カンボジアにおける教育支援活動

世界の最貧国の 1 つでもあるカンボジアにおいて、その貧困を要因とする様々な社会問題の 1 つが教育である。カンボジアではフランスの植民地時代に近代教育が導入され、フランスから独立後の1960年代は教育の量的拡大が急速に進んだ。しかし、ポル・ポト政権下において近代教育は全否定され、学校施設は破壊されたり、倉庫や収容所として使用された。カリキュラムや教科書などは全て燃やされ、教員の多くが殺されるなど、人々の生活から教育が消滅してしまった。

ポル・ポト政権以降、教育の復興が進められ、小学校の就学率は 9 割以上となったが、小学校の留年や退学は依然として多く、また、中学校や高等学校への進学も多くない。また、中学校や高等学校へ進学したとしてもその教育課程を修了する子どもたちは半数にも満たない。特に、小学校や中学校を退学してしまう子どもたちは、その後、現金収入を見込める仕事に就くことは難しく、最悪の場合人身売買などに巻き込まれてしまうことも少なくない。

そういった状況を少しでも改善するために、農村部の子どもたちを対象に図書館活動をしている団体が特定非営利活動法人 NGO 活動教育研究センター（以下 NERC）である。NERC は研究者や社会人、学生などで構成されており、2001年にオリジナルの絵本の製作をしたことから始まり、現在はプノンペンから車で 1 時間ほどの農村部に事務所を構え、村の子どもたちが自

写真 3 - 3 - 1 　絵本を読む子どもたち

写真 3 - 3 - 2 　女子サッカーチーム

由に利用できる図書館を設置し、図書を使ったアクティビティなどを行っている。

　カンボジアでは、全ての学校に図書館が併設されているわけではなく、たとえ併設されていたとしても本などの所蔵が少なかったり、子どもたちが自由に図書館を利用することができないなど、学習者である子どもたちにとって本は遠い存在であった。また、学校を退学した子どもたちは、日常的に本に触れることが少ないため、せっかく覚えた言葉を忘れてしまうこともある。NERCが行っているのは、こういった本を読みたいと願う子どもたちや退学した子どもたちの学習の受け皿としての図書館活動である。

　この他、子どもたちからの要望で形になった支援もある。将来の就職のための英語教室・PC教室・日本語教室といった教育支援やサッカーチームの結成とその支援である。後者のスポーツ支援は男子チームのみならず、カンボジアで最もマイナースポーツと言われている女子サッカーチームも支援しており、地方の小さな農村部で女子サッカー選手を夢見る子どもたちを応援している。

5．これからの課題

　全ての子どもたちが教育を受けるために、これまで様々な取り組みが行われてきた。しかしその解決には至っていない。それどころか、人口増加が見込まれるアフリカの国々では今以上に教育の質の低下、留年・退学者の増加が進むことが懸念されている。加えて、2020年の新型肺炎コロナウイルスの感染拡大により、全世界で学校が休校になり、子どもたちの学びが止まった。全員が学校に戻ってくるという保証はない。

　このようななか、開発途上国の国々で、ICTで学校や教室、教員の不足を補う取り組みが進んでいる。先進国でも、コロナウイルス感染拡大によってインターネットで開催されるオンライン授業のシェアが一気に広がった。ICTを導入した教育イノベーションは教育問題解決の糸口となる可能性を秘めている。

　一方で、ICTへのアクセスが困難な状況にある人たちも多く、アクセス可能な人たちとそうでない人たちとの格差をより一層開くことにもなる。また、ICTを使う能力を持つ人と持たない人との格差も生まれる。何かを補うことで新たな格差が発生することは本望ではないが、教育課題の解決に向けた新たな取り組みが望まれる。

ワークショップ

1）開発途上国の国の教育の問題をピックアップし、その問題に取り組んでいる国連機
　関、政府機関、民間団体がどのようなことを行っているのか調べてみましょう。そして
　調べた結果を発表しましょう。
2）開発途上国における教育の問題にどういったものがあるのか、そして、その原因を調
　べてみましょう。さらに、その結果どういう状況になるのか考えてみましょう。まず、
　個人でブレーンストーミングして図式化したものをグループ内でお互いに発表し、それ
　について話し合いましょう。次にグループ内で話し合ったものを基に新たに図式化して
　みましょう。最後に、グループごとに話し合った内容を発表しましょう。
3）先進国と開発途上国の教育の問題を比較して、どの点が同じか、どの点が異なるのか
　考えてみましょう。また、同じ点についてより深く調べ、解決する課題がどこにあるの
　か探ってレポートを書いてみましょう。

〔文献〕
・前林清和編『社会貢献を考える』デザインエッグ社　2017年
・文部科学省 HP
・グローバルエデュケーションモニタリングレポート2020　日本語版
・e-Education HP
・UNICEF HP
・UNESCO HP
・JICA HP
・ワールド・ビジョン HP
・セーブ・ザ・チルドレン HP
・ルーム・トゥ・リード HP

4．これからの企業の姿

1．グローバル化と企業活動

　一般に企業活動は、顧客、株主、そして従業員の幸福実現のために利益を追求することがもっとも大きな目的である。この「利益追求」という目的については恐らく今後の未来でも大きく変化することはないだろう。しかし、現在、企業活動自体のあり方は18世紀半ばにイギリスで起こった産業革命以来の大きな転換期を迎えているのかもしれない。

　1995年に登場した「windows95」の登場によりそれまでは一部の専門家や企業のものであったインターネットが一般家庭にまで及んできた。そしてスマートフォンの登場、特に2007年に apple 社より発表された「iphone」の登場により、世界は私たちの掌に収まったのである。つまり、スマートフォン1つで、いる場所にかかわらず、世界の状況を知ることができる。日本にいながらも、世界で起こっている紛争の状況を知ることができるし、アメリカで今、行われている NBA の試合経過は、あなたが世界中のどこにいようとも、知ることができるようになったのである。

　そうしたインターネットの普及により、企業活動は更に大きな変革を迎えた。大企業は猛烈なスピードでグローバル化を進め、その流れのなかで世界中に数多くの支店や子会社を置いた。インターネットの世界であれば、アメリカから地球の真裏にあるインドへのコミュニケーションは瞬時に行うことができるようになった。世界中に支店を置き、インターネットを介して管理できるようになったことで、大企業は24時間、時間を止めることなく業務を遂行できるようになったのである。

図3-4-1　Windows95
https://windows7.club/archives/1209

　そして2019年の COVID-19による世界規模に及ぶパンデミックの影響によって更に世の中は大きな変容を見せるようになった。「リモートワーク」や「テレワーク」が社会に広く浸透することとなったのである。これにより、産業革命最大の産物である「工場」は終焉に向かい始めたのである。

　産業革命時代、家業、主に自営農業を行っていた者を工場、つまり現代でいう「オフィ

ス」に来させ、そこで業務を行うことによって給与を与える仕組みが構築された。しかし、時代は移り変わり、人々は「オフィス」から解放され、世界中のどこにいても仕事ができる世の中に世界は向いている。

　しかし、それが実現できるのも、インターネットの発展、そしてグローバル化による功績である。だが、産業革命以降広がったグローバル化の流れはCOVID-19というウイルスによって一度、そのあり方を見直す時期を迎えている。時代は悪戯なグローバリズムの繁栄からナショナリズムへと舵を切るかもしれない。

　そのように、時代の流れとともに働き方は大きく変容してきたし、きっとこれからも変化していくのだろう。その時代の変化とともに企業も求められる活動が変化していく。それはSDGsでも同じことが言える。街中や駅の構内でSDGsのロゴをよく見かけるようになった。これは企業がSDGsに取り組んでいるというアピールの側面もあるかもしれないが、言い方を変えれば、企業活動はSDGsの目標のいずれかに関わっているとも言える。これから企業はSDGsに取り組まなければ、企業の価値向上につながらないかもしれない。このように、SDGsによって、企業は本業に対しても見直す時期に立っているのである。本節では、企業が実際に行っているSDGsへの取り組みを紹介するとともに、今後の企業のあり方についても考えていく。

2．企業とSDGs

　SDGsでは、企業の取り組みにも大きな期待をしていることがわかる。SDGsの前身であるMDGsでは、主に各国政府をはじめとする行政セクターの努力に依拠するところが大きかったが、SDGsではNGOやNPO、企業といった民間セクターも含む、まさに世界の全ての人々が課題解決に向けて主体的に取り組むことを求めている。

　SDGsには17の目標と169のターゲットが設定されている。非常に多くのターゲットが掲げられているが、その分、企業活動とも結びつけやすいというメリットがある。各企業はSDGsへの取り組みによって、SDGsの目標改善に向けての商品開発やサービスの展開によって、市場拡大や新たな事業展開につながる可能性もある。

　また、SDGsに取り組んでいることを対外的にアピールすることで、投資家からの評価を高め、顧客からはポジティブなイメージを与えるブランディングができる。

　これまで企業は「CSR（Corporate Social Responsibility）企業の社会的責任」の一環として様々な活動を行ってきた。大手スーパーによる植樹活動など、比較的、本業とは直接関係のないものが多く存在していた。しかし、SDGsでは自社の本業を通じて、各業務を見直すことで、SDGsの目標達成に結びつくポイントが明らかとなることがある。

　例えば、先に述べた大手スーパーであれば、賞味期限間近の惣菜や弁当を近隣のこども食堂等に寄付すれば、SDGsの目標の「貧困をなくそう」、「飢餓をゼロに」、「つ

くる責任つかう責任」の3つの目標に貢献できると言えるのである。

3．SDGs に取り組む企業

　現在、日本でも大企業を中心に業種にかかわらず、多くの企業が SDGs への取り組みを行っている。本項では SDGs 目標達成に向けて日本企業が実際に行っている取り組み事例について述べていく。

図3-4-2　明石スクールユニフォームカンパ
　　　　　ニー
　　　　　https://akashi-suc.jp

◇明石スクールユニフォームカンパニー◇

　明石スクールユニフォームカンパニー（以下、明石 SUC）は岡山県倉敷市に本社を構える学校制服や体操服の製造から販売を手掛ける日本の企業である。

　学校制服の会社であるが、SDGs 活動にも精力的に取り組んでおり、特に「環境をまもる」、「命をまもる」、「絆をまもる」の3つをテーマに幅広く SDGs に貢献する活動を行っている。

　まず、「環境をまもる」では、地球資源を大切に、子どもたちにとって身近な制服を通じて一人ひとりのエシカルな意識を育むことを目的としている。

　次に、「命をまもる」では、子どもたちが災害や気候変動から自らの命を守れるように、防災教育や安全対策の充実を促す活動を行っている。

　最後に3つ目の「絆をまもる」では、世界中の誰もが平等に扱われ、ともに学び、ともに成長できる、健やかな社会の実現を目的としている。

　本項では、明石 SUC が実際に行っている SDGs 活動を取り上げていく。

■明石 SUC による SDGs 活動の一例

　先に述べた明石 SUC の取り組みを一部抜粋し、紹介する。

【環境をまもる】

・エコパッケージの導入

　レジ袋を廃止し、ショッピングバッグの素材を従来のものから「FSC 認証紙（森林認証紙）」へ順次変更します。FSC 認証紙には、きちんと管理された森の木材からつくられた製品であることを証明するマークが付与されます。森の動物や植物、そこで働く人たち、暮らす人たちに配慮し、将来も豊かな森を維持できるかを国際的な厳し

図3-4-3　エコパッケージ

https://akashi-suc.jp

図3-4-4　防災学習教材

https://akashi-suc.jp

図3-4-5　NERCの活動

https://akashi-suc.jp

い基準でチェックされた製品だけにつけることが許されています。森林保護や石油資源の節約、CO_2排出量の削減に貢献します。

【命をまもる】

・防災教育の推進

　世界トップクラスの災害大国といわれる日本。いつ、どこであっても災害にあう恐れがあります。災害発生時に適切な行動ができるようにするには、子どものうちからの防災教育が大切です。日本唯一の社会防災学科を有する神戸学院大学との産学連携のもと、身の回りに起きうる多様な災害を想定し、子どもたちの防災力を高め、命を守るための防災学習教材や防災備蓄商品の開発・普及活動に取り組んでいます。

【絆をまもる】

・カンボジア教育支援

　アジアの最貧国ともいわれるカンボジア。ポル・ポト政権下の悲惨な歴史の影響から教育分野の復興が遅れており、十分な教育を受けることができず、読み書きさえできない子どもたちが数多く存在します。読み書きができないがために、まともな仕事に就けず、収入が不足し、貧困から抜け出せない悪循環が生まれています。どんな困難な状況でも、学びたいと願う子どもたちの思いに国境はありません。教育によって子どもたちの未来は広げられる。そう信じて、私たちはNERC[i]のカンボジア教育支援活動に協力しています。

５．これからの企業活動

　本節では、時代の変容とともに移り変わる企業活動のあり方や、現在、日本企業が取り組んでいるSDGs活動を紹介した。

　SDGsの目標達成に向けては、国や行政だけが取り組むものではなく、私たち個人個人の取り組みが不可欠である。そこには当然、企業も参画し、取り組んで行かなければならない。SDGsに取り組んでいない企業は社会からの評価を得づらい時代に突入してくるだろうし、ブランディングとしても今後さらに必要になってくる。

　企業は本業を通じ、持続可能な活動を行うことが求められるであろう。SDGsのターゲットは169にも及ぶのであるから、ほぼ全ての企業活動で取り組める部分があるはずだ。そこに取り組み、そしてその取り組みを広くアピールすることで、企業のブランディングのみならず、今後は企業の売上にも大きく関わってくることとなり、広く周知することでさらに世の中のSDGs取り組み普及につながるであろう。

　そして今後は、本業そのものが社会貢献に直結する企業が注目を集めてくることは間違いない。今までNPOやNGOが主体で行っていたような社会貢献活動、慈善活動のような取り組みを企業が行うようになってくることが考えられる。

　つまり社会の抱える問題を解決するためのサービス、商品を考えることが今後ビジ

ネスとして注目されるようになるだろう。実際にソーシャルビジネスと呼ばれる企業は数が増え、存在感を広めている。

　このように、企業は、いかに社会に貢献しているか、そして、SDGsの解決に取り組んでいるかを評価される段階に来ている。そしてそれらに取り組んでいる企業はその価値を高めていくことになるだろう。

ワークショップ

１）SDGsの目標達成に向けて、企業活動はこれからどうあるべきなのかを考え、自分なりの意見も含めて、グループで発表し、話し合ってみましょう。また、各自が本文に紹介している活動以外の活動を調べて、共有し、企業のSDGs活動の知識を広げましょう。

２）自分の興味のある企業を取り上げ、その企業が取り組むことのできるSDGs活動はどのようなものがあるか調べ、グループで発表してみましょう。

３）本書で例示している企業以外にSDGs活動を実施している企業を調べ、その企業が取り組んでいる活動の紹介や、またその企業がさらに実施できると考える内容をレポートにまとめましょう。

〔文献〕
・NTTテクノクロス HP
・明石スクールユニフォームカンパニー　HP

---

i　NERC（特定非営利活動法人NGO活動教育研究センター）は、カンボジアの基礎教育支援活動およびスポーツ（サッカー）支援活動、カンボジア人留学生の受け入れ活動等を行っている団体。http://ngo-nerc.org/nerc　最終アクセス2020年11月10日

5. スポーツが世界をつなぐ

1．SDGsとスポーツ

　SDGsの達成にはスポーツが重要な役割を担っている。2015年に国連総会で採択された「持続可能な開発のための2030アジェンダ」の37（スポーツ）では、「スポーツもまた、持続可能な開発における重要な鍵となるものである。我々は、スポーツが寛容性と尊厳を促進することによる、開発及び平和への寄与、また、健康、教育、社会包摂的目標への貢献と同様、助成や若者、個人やコミュニティの能力強化に寄与することを認識する」と明記している。

2．なぜ、開発途上国にスポーツなのか

　ユネスコ（UNESCO）は、1952年総会において教育部門への体育・スポーツ分野の設置を決定し、1978年に「体育・スポーツ国際憲章」のなかで、「国際協力は、普遍的及び調和の取れた体育・スポーツの振興にとって不可欠である」と謳われて以降、スポーツの有効性に関する世界的潮流となっている「スポーツを通じた開発（IDS；International Development through Sport）」に至る理論的支柱となっている。IDSの代表的な活動には、途上国のスポーツ支援事業、青年海外協力隊が行う体育・スポーツ関連支援事業、チャリティ・スポーツイベントなどがあげられる。

1）途上国のスポーツ支援事業

　支援の母体は各国政府のみならず、NGOやNPOの各種団体や個人も含め、様々な形態による支援が広く実践されている。近年では、2020年東京オリンピック・パラリンピック競技大会に向けて、「SPORTS FOR TOMORROW（以下、SFT）」と言われるスポーツを通じた国際貢献活動を積極的に展開してきた。これは、同大会が開催される2020年までに、官民連携のもと、開発途上国を中心とした100カ国・1000万人以上を対象に推進されるスポーツ国際貢献事業である。筆者はこのSFTの活動の一環として、2016年から2019年の間、計7回にわたりカンボジアを訪問し、同国の青少年を対象にサッカーを通じた国際貢献活動を行っている。カンボジアは、国連総会の決議により特に開発の遅れた国々（後発開発途上国＝LDC；Least Developed Country）に認定されており、2016年末の国連貿易開発会議（UNCTAD）の報告書によると、

写真3-5-1　スポーツを通じた開発

写真3-5-2　スポーツを通じた医科学支援

2025年までに後発開発途上国から抜け出せず、アジアで唯一の後発開発途上国に分類されると予測している。一方で、同国の近年の経済的発展は著しく、世界銀行によると2017年の成長率は約6.9％を見込んでいるなど、今後も先進各国とのパートナーシップ戦略に基づき大きく発展することが期待されている。

2）JICA 海外協力隊が行う体育・スポーツ関連支援事業

　JICA（国際協力機構）による支援事業は、日本政府のODA予算により、多くの途上国からの要請に基づいて実施されている。なかでも青年海外協力隊は1965年の事業発足から50年以上にわたり、91カ国4万3748人（2018年3月時点）を超える若者が参加しており、体育・スポーツ関連支援事業もその一角を担っている。筆者は体育隊員として1995年に中米エルサルバドルに赴任し、内戦後の混乱する復興期の教育活動に携わる機会を得て、体育教員研修会や各種スポーツイベントの企画・運営、学校巡回指導等を通じ、国際貢献活動に参画した。スポーツはそれ自体がグローバルに広がる文化であり、多くの言葉を交わさずとも、お互いを深く理解しうる有効なツールである。SDGsの前身であるMDGsにおいても、開発目標の達成にはスポーツと体育を活用することが明示されており、教育・健康・開発と平和を促進する手段としてのスポーツ（＝Sports for Development and Peace；SDP）の可能性は大きな期待が寄せられている。

3）チャリティ・スポーツイベント

　日本は寄付やチャリティなどに対して、あまり積極的ではない国とされている。イギリスの慈善団体「Charities Aid Foundation；CAF」が発表しているWorld Giving Index（世界寄付指数）の2018年報告書によると、対象の144カ国中128位と最下位グループであり、チャリティ後進国とも言える。チャリティ・スポーツは新しい概念であり、「スポーツとチャリティの対象が同一であるもの」と「スポーツを手段として

問題解決に取り組むイベント」とに大別される。前者は、マイナースポーツ等の普及や活性化を目的として行うイベントであり、後者は特定の慈善団体や地域の慈善的性格を有する組織を支援するためのものである。後者の具体例としては、東日本大震災後におけるスポーツイベントであり、日本の約8割のスポーツ関連団体が支援事業に参画しているだけでなく、海外の多くの団体も慈善試合への参加を通じて積極的に関与した。

3．オリンピズムの根本原則

　オリンピックというと、超人的な才能を持ったアスリートによるスポーツの祭典というイメージがあるが、オリンピック憲章で謳われているのは、「肉体と意思と精神の全ての資質を高め、バランスよく結合させる生き方の哲学」である。また、スポーツをすることは人権の1つと明記しており、全ての個人は、人種、肌の色、性別、性的指向、言語、宗教、政治、出自、財産等のいかなる種類の差別を受けることなく、権利と自由が確実に享受されなければならないとしている。このオリンピズムの根本原則には、近代オリンピックの生みの親とされるクーベルタン男爵の「スポーツの力を取り込んだ教育改革を地球上で展開し、これによって世界平和に貢献する」という思想がある。

　これは、「国連と平和のためのスポーツ局（United Nation Office on Sports for Development and Peace；UNOSDP)」が目指す方向性と一致していたことから、2017年に廃止され、IOCと直接の協力関係を築くことになった。これは「スポーツが極めて高い柔軟性を持つ外交手段」であることを共有した事実である。一方、スポーツが政治問題を解決したことは一度もなく、各国のプロパガンダを助長しているという指摘もあり、オリンピックが真に政治の調停役として機能するためには、スポーツ本来の価値を一層共有する必要がある。

4．スポーツの持つチカラ

　日本には「運動部出身の学生は、就職に有利」という通説がある。これは、運動部活動を通じて、忍耐力や人間力、リーダーシップ、コミュニケーション能力、健康な身体、向上心、組織運営能力などが培われていることが期待されているからである。実際、会社経営者の手記等でしばしば指摘されているように、有名企業では旧帝大や有

写真3-5-3　クーベルタン男爵

名私大から頭脳明晰で優秀な人材が集まってくるものの、必ずしも入職後に活躍しているとは限らず、むしろ社会に出てからも課題意識と向上心を持ち続け、自己を奮い立たせて努力しているかが明暗を分けているという。

　一般社会が求める人物像が、「失敗した時や辛い時に、逃げずに乗り越えられるかどうか」としていることは、日本における人間観や教育観の現れであり、そこにスポーツ活動に伴う様々な経験、具体的には厳しい練習に耐えてきたことや先輩・同僚・後輩・OBとの人間関係の構築、競技大会の運営にかかる事務調整などのエピソードとの親和性を見出している。

　一方、国連は「平和と開発のためのスポーツ（Sports for Development and Peace; SDP）」の促進に向けて、以下の5つのメッセージを発信している。

　（1）　他人に対する尊敬の意と、人々の間の対話を促進します。

　（2）　子供と若者が生きるために必要な、術や能力をもたらします。

　（3）　障害の有無に関わらず、全ての人々の社会への参画を促します。

　（4）　男女の平等を促進し、助成のエンパワメントに貢献します。

　（5）　身体の健康のみならず、心の健康を向上させます。

　また、これらを促進する活動として、近代オリンピックが1896年に初めて開催された4月6日を「開発と平和のためのスポーツの国際デー」とし、毎年掲げるテーマを基にスポーツの在り方について議論を深めている。スポーツは誰しもが親しみやすい話題であるし、老若男女問わず参加コストが極めて低い。さらに、接点のない者同士が過度に刺激することなく、スポーツを通じて人間理解を深めることは可能である。

　一方、前述した通り、スポーツと外交の関連性は不透明であることが指摘されている。東西冷戦以降、オリンピックの舞台が参加ボイコットをはじめとする政治的主張やメダル獲得を通じた国威発揚の場になっているし、かつては「ピンポン外交」といわれる政治手法も注目された。また、最近では米国を発信源とした「Black Lives Matter」の運動において、大坂なおみ選手が全米OPでマスクを通じて人種差別に抗議する活動を行うことで、多くの人々の関心を集めることに一定の成果を挙げている。しかし、どの事例も大局に影響を及ぼしたものはなく、それがスポーツの限界であるともいえる。もちろん、スポーツは原則として政治的に中立を保つことが望ましいし、IOCをはじめ各競技団体も政治的中立を掲げている。混迷する世界のなかで、アスリートがパフォーマンスの発揮に全力を傾け、相互の努力を称えあうことに人間の価値を見出していることも多く、政治的な如何なる思惑があろうとも彼らのインテグリティが蹂躙されることはあってはならない。

5．これからの課題

　スポーツは、「する」、「みる」、「支える」の3領域で構成されているとしてきた

が、本節でも示した通り、今後はSDGsの実現に向けては、「活かす」という領域が開発されなければならない。これは必ずしも国際貢献のような活動を指すものではない。スポーツそのものに親しむことはもちろん大切だが、21世紀を生き抜く私たちにとってはスポーツを手段として活用し、スポーツを通じて相互理解を深め、広く社会に貢献していくという思想が必要な時代に入っている。筆者はこれまで、国内外を問わずSDPの諸活動に携わってきたが、スポーツが様々な機会を経て人に勇気を与え、学習意欲を高め、行動変容を促し、地域や社会が動いていく瞬間を目の当たりにしてきた。一方、インターネットの発達により、途上国においても誰もがスマートフォンを持ち、最新の情報を簡単に入手できる時代になったが、世界中にあふれる情報を読み解き、自分が住む町や文化にどのように繋いでいけばよいのかという教育は未発達のままである。

改めて様々なスポーツを通じた国際貢献の事例を俯瞰すると、スポーツというグローバルな文化を前に、かえって途上国が抱える教育や医療制度をはじめとする社会インフラの不備、先進諸国との文化・慣習の差異が浮かび上がり、先進国優位の支援における制度設計の限界が散見される。それはあたかも、スポーツによる介入が「支援をする側」と「支援を受ける側」との間に新たな軋轢を生む事態を引き起こしているかのようである。これらのスポーツと開発にかかる一連の議論のなかで、忘れてはならないのは、スポーツによる国際貢献が先進国からの目線で無自覚的に展開される危険性があるということである。様々な情報機器を通じて猛烈なスピードで情報が拡散される現代社会のなかでは、途上国においても極端な政治的戦略がない限り、情報収集は極めて容易で、スポーツのグローバル化の流れは誰も止めることはできない。もちろん、スポーツを通じて途上国の子どもたちが世界と繋がり、著名アスリートに憧れを抱くことを通じて、何にも代えがたい教育的価値を創出しているという側面もある。

しかし、支援活動の実践においては、様々なエビデンスを念頭にしながらも、それをどのように「現地化」し、持続可能な社会へと繋げていくのかが成功の要諦となるであろう。

> **ワークショップ**
>
> 1）スポーツがSDGsの実践においてなぜ活用できるのかについて意見をまとめた後、グループで発表し、話し合ってみましょう。また、実際に行われているスポーツを通じた社会貢献活動を調べ、相互に共有して活動の幅を広げましょう。
> 2）スポーツのグローバリゼーションが進むなか、途上国の「現実」とどう向き合うかが大切です。「支援を行う側の意図（グローバル・スタンダード）」と「支援を受ける側のニーズ（ローカル・ルール）」の関係性について、レポートを作成しましょう。
> 3）国内外問わず、スポーツを通じた社会貢献活動のアイデアを3つ以上考え、その実現に向けての課題をまとめましょう。その後、グループで話し合い、その成果について発表しましょう。

〔文献〕
・国連 HP
・SPORTS FOR TOMORROW HP
・UNCTAD「THE LEAST DEVELOPED COUNTRIES REPORT 2016 ─ The path graduation and beyond: Making the most of the process」2017
・THE WORLD BANK「East Asia Pacific Economic Update, April 2017: Sustaining Resilience」2017
・中村浩也・前林清和「後発開発途上国におけるスポーツ医科学支援の現状と課題：カンボジア王国のジュニアユースサッカー大会における救護事例から」プール学院大学研究紀要、57、2016年
・中村浩也・前林清和・柴田真裕「後発開発途上国におけるスポーツ医科学支援に関する実践的研究〜カンボジア王国ジュニアユースサッカー大会における予防教育と効果〜」プール学院大学紀要、58、2017年
・Charities Aid Foundation「WORLD GIVING INDEX 2018」2018

6．自然と共に生きる

1．自然と共に生きる

　近年、よく自然と共生しようという言葉を聞くようになった。けれどこの言葉は西洋的な価値観の基でつくられたものである。もっと素直に考えてみたい。私たちはどこから生まれ、どうやって生きているのだろう？　私たちは私たちが「自然」と呼ぶもの、水、空気、太陽の光、風、土、森、海、そこから生まれた。私たち、ホモ・サピエンスが誕生したのは46億年の地球の歴史を１年にたとえると、12月31日の午後11時37分である。ほとんど全ての生物は人類より先輩であり、その全ての生物は自然から生まれた。私たちは、本来、自然の一部なのであり、他の生物たちより偉いわけではない。なぜならホモ・サピエンスへとつながる過程に関係する生物どれか一種でもいなければ、ホモ・サピエンスへと進化しなかったのだ。そんな私たち人類は、産業革命を経て、今ホモ・サピエンスが誕生した時には考えられないような世界で生きている。それでも、私たちの活動の全ては自然に依ったものである。いくら社会が高度化しても、私たちはきれいな水がないと３日と生きていられない。作物が育たず食べるものがなくなれば、１週間も生きていられない。私たちは、自然という土台があって、そのうえで様々な活動を行い、生きているのである。この土台を壊していることがいかに人類の未来を危うくするのかということにようやく気が付いた。自然を壊さないというのは何も特別なことではなく、自らの生きる土台を壊さないだけなのである。私たちが生きていられるのは、自然のサイクルのなかに組み込んでもらっているからなのだ。私たちの未来は、自然と共に生きる以外にあり得ないのである。

2．SDGs の視点から

　自然と共に生きることを SDGs の視点から見ると、直接的なものはゴール13「気候変動に具体的な対策を」ゴール14「海の豊かさを守ろう」ゴール15「陸の豊かさも守ろう」にあたる。しかし、自然は私たちが生きる土台なので、SDGs のゴールすべてが当てはまると言ってもよい。SDGs が目指す持続可能な社会は環境の問題が解決しなければ決して達成できないものなのだ。そのなかでも自然環境が深く関係するのが、水の問題、食料の問題、エネルギーの問題などである（ゴール６、７、12）。

　開発途上国では国力を上げるためにも開発に力を入れ貧困や飢餓、教育、水といっ

た問題を解決したいと考えている。それは一見環境の保全を掲げたゴールと相反するように思えるが、その両立を目指すのがSDGsとして最も大切な視点である。経済や社会の持続のためには、自然環境が持続可能な開発を行うことが必要不可欠である。

3．自然環境保護活動分野で活躍する組織

　自然環境の問題は影響が多岐に渡り、政治的、経済的な面と深く関わりがあるためお互いの目論見や利益など、具体的な策をつくるには国家間では様々な駆け引きがなされておりなかなか一枚岩になることは難しい。しかし、この問題は先送りするわけにはいかない大きな問題である。そしてSDGsは、国やNGO・NPOだけでなく、企業が行うことが大きな意義の1つである。環境の問題は、経済的な面と結びつきが深いだけに、企業がどのような姿勢で向き合うかが非常に重要になってくる。私たちの便利な生活は、たくさんの企業のサービスや製品でつくり上げられており、その製品やサービスを生産する過程にこそ、持続可能な社会をつくり上げるための変革が求められているからである。私たち消費者がどの企業のどの製品やサービスを選ぶのか、そのことが私たちのSDGsに向けた大きな貢献なのである。

　国際的に活動を行っている組織には、国連のUNFCCC（国連気候変動枠組条約）、UNEP（国連環境計画）や、国家、政府機関、非政府機関で構成されるIUCN（国際自然保護連合）、NGOではWWFなどがある。国内では、環境省、林野庁、などが主に取り組んでおり、環境再生保全機構、地球環境基金などがある。日本から世界へはJICAを通じて技術協力プロジェクトや専門家派遣などの協力を行っている。さらに、大小様々な企業がSDGsの理念を達成するために企業努力を行っている。

1）UNFCCC

　UNFCCC（国連気候変動枠組条約）は全国連加盟国（197カ国・地域）が締結・参加している国連の機関である。最大の目的は大気中の温室効果ガス濃度の安定化である。このUNFCCCに参加する国の会議が国連気候変動枠組条約締約国会議（COP）である。この第21回国連気候変動枠組条約締結国会議（COP21）で、2020年以降の温室効果ガス排出削減などのための新たな国際枠組みとして、パリ協定が採択された。

　パリ協定が歴史的に重要な画期的な枠組みであると言われるのは、途上国を含む全ての主要排出国が対象であることによる。パリ協定の前身である京都議定書では、排出量削減の法的義務は先進国のみに課せられていたため参加国の間に不公平感があり当時最大排出国であった米国が批准しなかったということに加え、策定された1997年から現在に至るまでに途上国は急速に経済発展を遂げ、排出量も増加していることもあるため、パリ協定では途上国を含む全ての参加国と地域に2020年以降の温室効果ガス削減・抑制目標を定めることを求めた。加えて、先進国には途上国に対する資金支

援や技術移転の推進などが求められ、資金支援については引き続き義務とされたが、途上国にも自主的な資金提供を奨励することとした。パリ協定は世界共通の長期目標として、「世界の平均気温上昇を産業革命以前に比べて2℃より十分低く保つとともに、1.5℃に抑える努力」を掲げている。

2）国際的非政府組織—WWF—

WWF は、1961年に設立された自然保護団体で現在は100カ国以上で活動を展開している。地球上の生物多様性を守り、人の生活が環境や野生生物に与える負荷を小さくし、人と自然が調和して生きられる未来を目指している。

日本では WWF ジャパンが1971年に設立された。主な活動分野は4つあり、地球温暖化を防ぐ、持続可能な社会を創る、野生生物を守る、森や海を守る、である。

地球温暖化を防ぐ分野では、二酸化炭素などの排出を抑え、地球の平均気温の上昇を産業革命以前と比べて2度未満に抑えることを目標とした活動を行っている。現在のコロナ禍からの経済回復においては単に過去の姿を取り戻すのではなく、経済の復興と同時に持続可能な社会への転換を目指すグリーン・リカバリーを提唱している。

3）日本政府の組織—林野庁—

ここではあえて、林野庁という少し別の視点から見てみたい。

林野庁は農林水産省の2つの外局（林野庁、水産庁）のうちの1つである。林野庁の役割は、国土の70%を占める森林の健全な育成を通じて、国土保全、水資源のかん養などの森林の持つ多様な機能を発揮させることと、木材の安定供給を図るといった、民有林行政と国有林野事業を行うことである。

森林が適切に管理されないと、山崩れが発生したり生態系にも悪影響を及ぼしたりすることは第2部の「15. 陸の豊かさも守ろう」で見てきた。では、森林を適切に管理するためにはどうすればいいのだろうか。林野庁は林業を担う人材の確保・育成に向けて「緑の雇用」事業を行っている。林業事業者に対し、新規就業者を雇用して行う研修などに必要な経費を支援するというものである。さらに、緑の青年就業準備給付金事業も行っており、これは林業への就業に向け林業大学校などにおいて必要な知識を習得する青年に研修に専念できるよう給付金を給付する制度である。

一見環境保護とは関係のない制度に見えるかもしれない。しかし持続可能な社会と経済は不可分のものであり、森林を維持するためには専門的な知識と技術を持った人材が不可欠である。そして、彼らが生活していけるだけの収入があることが、持続可能な社会へとつながっていく。

４）民間企業―イオン―

　イオンは、様々な環境・社会貢献活動を行っている有名な企業の１つである。イオンサスティナビリティという目標を掲げ、持続可能な社会の実現と会社としての成長の両立を目指している。環境分野では、脱炭素社会の実現、生物多様性の保全、資源循環の促進、などを重点課題としている。株式会社としてだけでなく、公益財団法人イオン環境財団もあり、グループ全体として環境保全に力を入れて取り組んでいる。

図３-６-１　MSC 認証ラベル
出典：MSC（Marine Stewardship Council：海洋管理協議会）

図３-６-２　ASC 認証ロゴ
出典：ASC（Aquaculture Stewardship Council：水産養殖管理協議会）

　・水産物における持続可能な商品の販売
　イオンでは、資源の持続性と環境に配慮した天然魚の MSC 認証の商品を販売している。MSC 認証の商品とは、MSC 漁業認証規格を満たした漁業によって獲られた水産物につけられる MSC エコラベルが貼られた商品のことである。MSC 漁業認証規格は、１．資源の持続可能性、過剰な漁獲を行わず資源を枯渇させないこと、２．漁業が生態系に与える影響を考え生態系の構造、耐用性、生産力などを維持できる形で漁業を行うこと、３．地域や国内、国際的なルールを尊重した管理システムを有すること、の三原則を満たさなければならない。MSC 認証制度は、国際的な NPO である MSC（Marine Stewardship Council：海洋管理協議会）によって運営・管理されており、FAO の「水産物エコラベルのガイドライン」をはじめとする国際的に合意された基準を満たしたものである。

　養殖魚では、ASC 認証の商品の販売を行っている。養殖は天然漁業への圧迫を減らし、世界の需要を満たすことができるが、適切に管理しなければ水質汚染、生態系のかく乱など、様々な悪影響を引き起こす。ASC 認証のロゴが貼られた商品は、適切に管理され、環境に多大な負担をかけない責任ある養殖であると ASC（Aquaculture Stewardship Council：水産養殖管理協議会）の認証を取得した養殖場によって生産された水産物である。現在12種の魚介類が ASC 認証の対象となっている。

４．マレーシア、ボルネオ島コタキナバルの環境問題

　筆者は、独立行政法人環境再生保全機構、地球環境基金の海外派遣研修に参加し、マレーシア、ボルネオ島コタキナバルにて現地の現状を見る機会に恵まれた。地球環境基金は1993年、環境保全活動を行う民間団体（NGO・NPO）への支援を行い、環境保全活動の国民的運動を図ることを目的に設立された。

　マレーシア、ボルネオ島は豊かな熱帯林とそこに生きる多様な生物に恵まれた土地

写真3-6-3　親をなくし保護されたオランウータン
（筆者撮影）

である。しかし、開発のために無計画に森が切り開かれ、パーム油のプランテーションがつくられたことにより、野生動物たちは住処を失い、環境は驚くべきスピードで変化してしまっている。

　訪問した現場は様々な事情を抱えており、一言でこうすればいい、と言えるようなものではなかった。自然保護のため国立公園として定められた場所には、住んでいる住民がおり、彼らの収入源はゴム事業であるため森林伐採を行うことは生活に必要であるとのことだった。ではどうすればいいのか、という問題を何とか解決しようと青年海外協力隊員の方が尽力されていた。彼らも自然を破壊することを望んでいるわけではない。けれど、彼らにも生活があり、自分の望むように、幸せに生きたいのだ。それは私たちと何ら変わらない。村のコミュニティのなかでも、国立公園側や環境保護NGOと活動することで自然保護の大切さに気づき国立公園のために働いている村人がいた。彼は村と対立する国立公園側の意見に賛同することで、村での立場が悪くなるにもかかわらず、行動を起こしたのである。筆者は志や使命感に国境や人種、環境は関係ないと改めて気づかされた。そしてこの問題は、決して彼らだけの問題ではない。ゴムやパーム油を買い取り製品としたものを購入しているのは、私たち日本人を含めた、先進国の人間が大半を占めている。今や世界は本当につながっているのだ。彼らの生活と私たちの生活は、不可分のものなのである。森林破壊のため、ボルネオ島固有の生物であるテングザルは絶滅の危機に瀕している。住処を奪われた動物たちを保護するための動物園、ロッカウィ動物公園にはオランウータン、アジアゾウ、マレーグマなど100種以上の動物が飼育・繁殖されていた。住む森を奪われたゾウがパーム油の原料となるアブラヤシのプランテーションに入り込み殺されたという話は、決してかわいそうだけで終わらせてはいけない。プランテーションを生業とする住民にとって畑を破壊するゾウは害獣なのである。しかし、害獣というレッテルを貼ったのは人間であり、貼る原因をつくったのも人間である。そして、その人間は私たち、一人ひとりなのである。

　生物多様性を守らなければならないのは、なぜなのだろう。答えは様々であろう。考えてみて欲しい。しかし１つ言えるのは、他の生物が全く生きていない世界では人間という生物も生きていけないことだけは確かなのである。

5．これからの課題

　気候変動、温暖化、環境の問題は各国の政治、外交に非常に密接に結びついており、一筋縄ではいかないのが現実である。開発途上国からすれば、産業発展を遂げれば国が豊かになると先に見せた先進国に、それを止められるのは納得いかない。さらに言えば、現状の汚染はほとんどが先進国が今までに排出したものであり、それらの被害を開発途上国が被るのはおかしいという主張もある。誰が、どれだけの削減を行うのか、技術、資金の提供はどうするのか、そういった具体的な施策を考える時、誰もが自国の利益を考える。それは当然のことであり、悪いことではない。けれども、このままの状態が続けば取り返しのつかないことになるのは明白であり、政治家や国が何かしてくれるだろう、と待っていては間に合わないのである。世界と私たちはつながっていることは紛れもない事実であるが、現代社会はそのつながりがとても見えにくい。そのつながりを見ることからまずは始めなければならない。それと同時に、私たちが今生きているこの日本の大地、地域といったローカルにも目を向ける必要がある。今、自分が生きている周りを取り巻く自然と生きることなくして、持続可能な社会は生まれない。まずは自分の周りから持続可能にしていくことも、世界とのつながりを感じるのと同じくらいに大切なことである。私たちは個人として、企業として、日本人として、私が生きたい未来のために行動すべき時なのである。

ワークショップ

1）あなたの地域では、どのように山や川が守られているのでしょうか。調べてみましょう。
2）私たちの生活のなかで使っているものや食べているものにパーム油は使われているでしょうか。調べてみましょう。
3）私たちが普段使っている製品やサービスのなかで、SDGs に関連した取り組みを行っている企業はあるでしょうか。調べてみましょう。

〔文献〕
・事業構想研究所　白田範史『SDGs の基礎』　事業構想大学院大学出版部　2018年
・落合陽一『2030年の世界地図帳』　SB クリエイティブ株式会社　2019年
・環境省 HP
・外務省 HP
・経済産業省　資源エネルギー庁 HP
・イオン HP
・WWF HP

7. 世界の難民を救おう

1. 難民とは

　今、難民は世界に何人いるのだろうか。

　難民とは、1951年の「難民の地位に関する条約」で、「人種、宗教、国籍、政治的意見やまたは特定の社会集団に属するなどの理由で、自国にいると迫害を受けるかあるいは迫害を受けるおそれがあるために他国に逃れた」人々と定義されている。しかし、現在ではこの難民の定義に収まりきらず、政治的な迫害、武力紛争、人権侵害など、生命の安全を脅かされ、他国に庇護を求めなければならなかった人々を指すようになっている。また、紛争などによって住み慣れた家を追われたが国境を越えていないため、国際条約で難民として保護されない人々、「国内避難民」も近年増加してきている。現在、UNHCRの統計（2019年末）では、紛争や迫害により故郷を追われた人の数は、7950万人である。そのなかで、「難民」は約2600万人、「国内避難民」は4570万人に上っている。ほかには難民の厳密な定義からは外れるものの政情不安が続くベネズエラから国外に逃れた人360万人、庇護申請者420万人、となっている。このように今、世界では97人に1人、全人類の1％の人々が故郷を追われている。この数は、10年前と比べて約2倍に増えている。紛争や迫害を逃れ、避難を余儀なくされた人々のなかで、約40％が18歳未満の子どもであり、約15万3300人の子どもたちが親や保護者とはぐれ、一人で避難を強いられている。ここでは、家を追われ避難を余儀なくされた全ての人々を難民と呼ぶ。

　難民と聞いてどんなイメージを持つだろうか。貧しい人、というイメージを持つ人もいるかもしれない。間違ってはいない部分もあるが、それはある一面だけであって、全てではない。避難した今、とても貧しく困窮していることに全く間違いはないが、もともと貧しかったわけではない人もいる。貧しくても、家を追われるまでは、学校に行き、仕事に行き、家族がいて、将来の夢も描いて、普通に生きてきた人々なのだ。会社を経営していたかもしれないし、学者だったかもしれない。夢のために何とかお金を貯めたり、勉強に励んだりしていただろう。けれど、内戦や、迫害や、暴力により、それら普通の生活は一瞬にして消え去ったのである。そして何とか命からがら逃げた先でも、彼らに居場所はない。

2. SDGs の視点から

　過酷な状況にいる難民のことをかわいそう、大変そう、と思っても、私たちには関係がないなとどこかで感じているのではないだろうか。それは違う。難民が生まれてしまう背景は、政治や紛争だけではなく、経済であり、環境であり、それら全てはつながっている。私たち、特に先進国、GDP 世界第三位の日本に住む私たちの責任は非常に大きい。どうして、と思うかもしれないが、考えてみてほしい。私たちが物質的に豊かなのも、誰かがつくってくれているからである。食べられるのも、買えるのも、全て誰かがいてくれるからあるものばかりである。そして、日本は日本国内だけでは何も生産できない。日本のエネルギー自給率は約9.6％であり、化石燃料依存度は87.4％、そのうち原油にいたっては中東地域に約88％依存している。天然ガス、石炭についてもオーストラリア、ロシア、アジア、様々な地域からの輸入に頼っている。もちろん人権的な視点もとても大切である。私たちはたまたま日本という国に生まれただけであり、彼らもその国に生まれただけで、何の変りもない。目の前で困っているか、少し離れたところで困っているかの違いだけである。しかし、たとえそういったことを抜きにしても、私たちと関係がないことはないのだ。

　SDGs の視点から見ると、難民の問題は多岐に渡る。まずは、ゴール16の「平和と公正をすべての人に」である。逃れる最中も逃れた先でも、難民は非常に多くの危険と困難に曝されている。暴力、人身売買、搾取、子どもたちも同等かそれ以上の危険に曝されて生きている。生命の安全さえ危うい状況を、一刻も早く改善しなければならない。そして何より、母国が平和になることが最も必要なことである。母国が安全であれば、彼らは逃れる理由はない。これはゴール10「人や国の不平等をなくそう」にも大いに通じている。そして避難した先では、彼らは無一文である。「難民」と認定されなければ、職にもつけない。しかし定義された「難民」と認められていないが生命の危機を感じ避難を余儀なくされた人々が何千万人といる。彼らは能力がないわけではない。ただ、職に就くことも、学校に行くことも、できる状態ではないだけである。このことを改善しなくてはならない（ゴール1および4）。

　そして彼らには十分な医療も行き届いていない。現在のコロナ禍で必要最低限の水、石鹸すら手に入らない難民キャンプも多く、十分な数の手洗い場やトイレもない。多くの難民は、医療制度が最も脆弱な国で暮らしており、新型コロナウイルスの感染リスクは最も弱い立場の人々を更に苦しい立場に追い詰めている（ゴール3）。

　難民となり困難な生活を強いられた家族は外からの暴力だけでなく、家庭内での暴力も増える。特に女性と子どもはその被害を受ける確率が非常に高い（ゴール5）。

　難民を救うことは、SDGs における重要な複数のゴールを達成するためには避けては通れないことなのである。

３．難民を救うために活動している組織

　難民を救うために国際的な活動をしている組織としては、国際連合の UNHCR、および UNHCR の活動を支える日本の公式支援窓口としての国連 UNHCR 協会がある。国際的な活動を行う国内の非営利活動法人として AAR　JAPAN（難民を助ける会）などがあり、日本に逃れてきた難民の支援を行っている団体としては認定 NPO 法人 JAR（難民支援協会）などがある。さらに、第二次世界大戦の際迫害から逃れるユダヤ難民に日本のビザを出して助けた外交官、杉原千畝と助けた難民の人々の話を広げる活動をしている NPO 法人ホロコースト教育資料センターなど、人間の立場から難民問題を啓発する組織がある。企業では、ファーストリテイリングや富士メガネなども UNHCR とパートナーシップを結んでいる。

１）UNHCR（国連難民高等弁務官事務所）

　世界で一番大規模に難民・無国籍者支援を行っている国連の組織である。UNHCR は各国政府からの任意の拠出金と民間からの寄付金によって支えられているが、もっと広く個人を含めた民間からも UNHCR の活動を支えていくことを目的に日本では公式支援窓口として特定非営利活動法人国連 UNHCR 協会が設立された。

　UNHCR の難民支援は多岐に渡る。大切な役割の１つとして、世界にアドボカシーを行うことがある。アドボカシーとは「擁護・代弁」、「支持・表明」といった意味があり、これは世界の難民に対し国際基準が遵守されるよう働きかけることである。次に難民の庇護と移住、現金給付支援、協調支援、教育、無国籍者の保護、生活の再建、公衆衛生、シェルターなど、難民や無国籍者、住む家を追われた人々が人間として尊厳をもって生きていけるための支援が行われている。究極の目標としては、難民の生活を再建する解決策を見出すことである。そのために自主帰還、第三国定住、庇護国での社会統合など、様々な方策を考え、文化や言語の教育、職業訓練などを支援している。

　UNHCR は SDGs の17のゴールのうち、難民保護・支援活動を通して SDGs の達成に貢献しており、12のゴールについて特に深く関係しているとして、UNHCR のウェブサイトで詳しく説明している。

　このウェブページから一例として、ここではゴール４「質の高い教育をみんなに」に関係した活動を紹介したい。

　・インターネットへのアクセスが難民の暮らしを豊かに　（2018年10月）
　　「インターネットが開通して、私たちの生活は大きく変わりました」南スーダンからウガンダ北西部のリノ難民居住地に逃れてきたリチャードはそう話し、この夏オンライン学習で企業理念について一緒に学んだウガンダ人のビジネスパート

ナーと携帯電話ショップを立ち上げようと準備を進めている。ウガンダはアフリカ最大の難民受け入れ国であり、2018年までの2年で南スーダンから逃れてきた難民は100万人に上っているが、現地政府の寛大な取組により、就業や起業、土地を所有する権利などが難民も認められている。都市部から離れた北部の難民居住地で、国連機関や民間企業が連携して通信網の整備が行われ、多くの人がインターネットへのアクセスが可能になった。国内外の様々な情報を得ることができるようになっただけでなく、オンライン学習を通じて、家庭の事情や地理的条件に関わらず、多くの人が学びの機会を得ることができるようになった。リチャードたちは公衆衛生の学位取得をオンライン学習で目指しており、難民居住地の衛生状況を改善して、感染症を止めるための活動をするための知識を得たいと意気込んでいる。それぞれの役割を発揮するチャンスが増えれば、コミュニティ全体の発展につながり、そのためにインターネットが大きく貢献している。

この活動を読んであなたはどう思うだろうか。インターネットなんて、贅沢だと感じる人もいるかもしれない。しかし、そうではない。開発途上国は先進国と比べ、インフラが整っておらず、私たちが考える以上に、様々なものへアクセスする機会がない。さらには近くに学校がなかったり、行かせてもらえなかったりと様々な壁がある。それを超える1つのツールが、インターネットなのである。学習は学校に行って対面でなくてもいいというのがコロナ禍でも明らかになったように、インターネットがあれば学習が可能になる人々がたくさんいる。私たちは情報を得ることが簡単にできるが、それは当たり前ではない。情報とは力であり、情報を得ることで私たちはどうすればよいかを考えたり、解決策を模索したりすることができる。情報を得られないというのは、弱い立場の人々をさらに弱くしてしまう。情報を得て、学ぶことで、新たな道を切り開いていける。そのことが、その地域やコミュニティの発展につながる。難民が自立していくために、教育と情報は不可欠のものなのである。

2）特定非営利活動法人 AAR　JAPAN（難民を助ける会）

AAR　JAPAN は1979年にインドシナ難民を支援するために、政治・思想・宗教に偏らない市民団体として設立された。現在の活動のメインは、緊急支援、障がい者支援、地雷対策、感染症対策の分野についての支援と啓発活動を行っている。

AAR　JAPAN のウェブページのなかでは、SDGs は AAR が世界各地で取り組む支援活動と横断的につながっていますと書かれており、17のゴールのうち該当するゴールのアイコンが示されている。緊急支援にはゴール2、3、4、5、8、10、17のアイコンが、地雷対策には4、10、17のアイコンが示されている。地雷対策の一貫として、「地雷ではなく花をください」という絵本がある。この絵本を購入することで、一冊あたり500円が AAR の地雷・不発弾対策に活用される。現在日本国内の難

民や外国人への支援は姉妹団体の「さぽうと21」が実施している。

3）NPO法人　ホロコースト教育資料センター

　ここで、少し時間を超えて難民問題を考えてみたい。

　NPO法人　ホロコースト教育資料センターは世界への広い視野、寛容な心を育むことを目的として、ホロコースト史を教材とした訪問授業などを行っている。ホロコーストについてはここでは割愛するが、アンネ・フランクとともに、ハンナのかばんというユダヤ人の女の子の物語がとても有名である。同時代、杉原千畝という日本人外交官がリトアニア・カウナスの日本領事館にいた。彼は、迫害を逃れるため領事館に押し寄せたユダヤ難民に、日本通過の許可書（ビザ）を発給し、数多くのユダヤ難民の命を救った。ビザを受け取ったユダヤ難民はシベリア鉄道を使いシベリアを横断し、ウラジオストクより敦賀に上陸、その後日本国内を通過し、神戸や横浜を経て世界各国へと避難していった。その助けられた人たち30名から集めた証言をもとにした授業を、ホロコースト教育資料センターは行っている。日本ではどう過ごしていたのか、助けられた人たちは今、といった、本などに書かれた物語の世界ではなく、現実の世界に生きる同じ人間としての体験談を聞くことができる。

　日本は、難民申請が難しく、現在では難民受け入れは先進国のなかで最低水準である。しかし、少し時間を遡れば、杉原千畝の勇気ある決断によって日本にやってきたユダヤ難民、ベトナム戦争終結後から約30年間で受け入れた、約1万1000人のボート・ピープル（インドシナ難民）など、日本は全く受け入れていなかったわけではない。日本と難民問題が、決して遠い世界の話ではないことを教えてくれる。

4．これからの展望・課題

　持続可能な社会を実現するためには、まず安全に生きていけることが最低条件である。明日の命も知れない、いつ殺されるかわからない、そんな状況で環境や持続可能性のことなど考えられるはずもない。私たちみんなの世界の問題は、みんなで考えなくてはならない。つまりは、みんなが考えられる環境をつくることも、持続可能な社会をつくるためには不可欠な条件なのである。

　難民を助けることは、彼らが母国に帰った時の助けになる。人は、誰かから助けられた経験があると、誰かを助けられるようになる。日本も、戦後の大変な時に助けてもらった。名神高速道路も、東海道新幹線も世界銀行からの融資でつくられている。私たちは、決して日本だけで今の日本の生活を形づくってきたわけではないのだ。

　しかし、現実的に、今私たちが世界の難民にできることは何があるのだろうか。まずは、知ることである。今世界の難民は、どんな状況におかれているのか、なぜそんな状況におかれているのか。今、日本では難民がどんな状況におかれているのか。そ

れを知り、誰かに伝えることが必要とされている。小さなことかもしれない。しかし、私たちが情報を得て、誰かに伝えることは決して無意味ではない。インターネットが世界をつないでいる現在、あなたの一言がどこかで大きな波を生むかもしれない。それは、大きな期待と希望を持つとともに、大きな脅威でもある。間違った情報を流すことで、誰かの命を脅かすことがあるからだ。それと同時に、責任をもって使えば、誰かの命を救うことができる。どんな情報を受けることも、発信することも許された民主主義国家に住む私たちだからこそ、できることはあるのだ。私たちができることは知ること、そして伝えること。一人でも多くの人が、現状を知ることが何より必要である。私たちは、高等教育を受け、なんでも知ることができる。これは決して当たり前ではない。世界から見れば、とても恵まれた環境なのである。そのことを、私たち日本人は自覚をもって、世界を見る必要がある。そのうえで、難民を支援する方法の1つに、難民を直接的に助けている団体や組織への寄付がある。彼らの活動を金銭面から支援することも、難民支援の大きな方法である。

　私たちが助けた難民の人々は、世界を変える力を持った人で受けた教育によって、母国を建て直すことができるかもしれない。私たちの毎日は、誰かのおかげであることを知れば、私たちも誰かのことを考える責任があることに、気づくのではないだろうか。

ワークショップ

1）難民を救うことが、SDGsにとってなぜ必要なのか、これからどうしていくべきなのかを考え、自分なりの意見を考えてグループで発表し、話し合ってみましょう。

2）世界の難民は今どのような状況におかれているのでしょうか。そしてどのような支援活動が行われているのでしょうか。新聞記事やインターネット上の情報、本文に紹介された団体を含めたその他の組織のことなどを調べて発表し、共有することで難民の知識を広げましょう。

3）過去に起こった難民と、今の難民の状況は同じなのでしょうか、違うのでしょうか。違うとしたら、どう違うのでしょうか。話し合ってみましょう。

4）今日本が多くの難民を受け入れるとしたら、どのような問題があり、どうすればその問題を解決することができるのでしょうか。調べてみて、自分なりの意見を考えてグループで発表し、話し合ってみましょう。

〔文献〕
・UNHCR HP
・AAR　JAPAN HP
・難民支援協会 HP
・NPO法人　ホロコースト教育資料センター HP
・経済産業省　資源エネルギー庁 HP

8．学校教育のなかで

1．学校教育でのSDGs

　SDGsの取り組みは学校現場でも増え始めている。私立中学校の入学試験問題でもSDGsに関わる問題を出題する学校も増え、授業のなかでもSDGsに関する授業を展開するなど、教育現場でもSDGsに関する教育や、取り組みを行っている。

　現在、世界はグローバリズムの潮流のなかにあり、開発途上国を含む世界全体が周りの国や地域との経済的、文化的なつながりによって成り立っている。したがって、そのような関係を断ち切って生活することは、不可能な時代になっている。そうなると、例えば、相手は読み書きができるのに、自分は読み書きができないという状況では、対等な経済活動は成り立たない。

　また、このグローバリズムの進んだ世界において、地理的な距離はほとんど意味をなさなくなっていると言っても過言ではない。あなたとの関係性で考えると、「あなたの住んでいるマンションの3階上の右から4番目の部屋の人」よりも「今朝、口にした食パンの原材料である小麦を生産しているアメリカの農家の方」との方があなたとの関係性は強いかもしれない。

　このように世界はグローバリズムの潮流のなかで、国や地域といった垣根をこえて関わり合っているのである。このことからもSDGsの目標達成には先進国だけ、途上国だけ、が関わるのではなく全ての国と、全ての人が考えていくべき問題なのである。

写真3-8-1　カンボジアの小学生（筆者撮影）

　そして、SDGsで掲げられている目標は開発途上国のみにスポットを当てているものではなく、先進国の問題解決にも関わっている。例えば、「目標10：国内および国家間の不平等を是正する」にスポットを当てると、現在、日本は先進国のなかでも、国内での格差が大きく広がっており、OECDが2019年に調査したところ、日本の相対的貧困率はワースト11位に

位置付けられるなど、世界でもトップクラスに国内格差が生じていることがわかる。

　このように世界の全ての国が課題を抱えているといっても過言ではない、そしてその課題を解決に向けて活動することは非常に重要である。このような事実を学校教育のなかで児童生徒に教え、学ばせる機会は非常に重要である。

　なぜなら、冒頭で述べたように世界はつながり、共存している。今後さらに海外諸国との結びつきが強くなる世界で将来生きていく子どもたちにこそ、世界の現状や課題、そしてSDGsが目指す2030年の世界を伝え、そしてその課題解決に臨むことのできる人材の育成は重要である。

2．ESDとシティズンシップ教育

　学校教育でSDGsを考える際は、「持続可能な開発のための教育（ESD = Education for Sustainable Development）」の学校現場への浸透が必要とされている。文部科学省によるとESDとは、「地球に存在する人間を含めた命ある生物が、遠い未来までその営みを続けていくために、これらの課題を自らの問題として捉え、一人ひとりが自分にできることを考え、実践していくこと（think globally, act locally）を身につけ、課題解決につながる価値観や行動を生み出し、持続可能な社会を創造していくことを目指す学習や活動」としており、これは1992年にリオ・デ・ジャネイロで開催された地球サミットで合意された行動計画で登場し、広まった言葉である。

　このESDは言い方を変えるとシティズンシップ教育とも言い換えることができる。シティズンシップとは、いわば公共性の意識である。私たちは一歩外へ出れば私的な存在ではなく、公的な存在としてある。公的な存在として、社会人として、社会がどうあるべきか、どのように変えていくべきかという立場で物事を考え、実行していく能力を身につけなければならない。

　このようなシティズンシップ教育を実施する機会は、小学校3年生から高校3年生までの学年に設けられている「総合的な学習の時間」、「総合的な探究の時間」で考えていくことが最も望ましいであろう。「総合的な学習の時間」の目的を文部科学省は、「変化の激しい社会に対応して、自ら課題を見付け、自ら学び、自ら考え、主体的に判断し、よりよく問題を解決する資質や能力を育てる」と記している。つまり、問題解決能力を育むものであり、この力はまさに、ESDと同義といえ、SDGsの課題解決に対して非常に重要な能力、資質である。

　このことからも「総合的な学習の時間」は学校教育の場においてSDGsについて考える格好の場面であると言える。児童生徒が、自分を含めたこの地球に命を持つものとして、今後の社会のあり方について考え、実行していく能力を育成していくことが求められる。

　もちろん、「総合的な学習の時間」だけにとどまらず、他教科においてもSDGsに

目を向けることは十分可能である。例えば、国語の授業では、世界には自国の言葉を読み書きできない人がいることを伝えることもできるし、保健の授業では、世界には栄養失調で亡くなってしまう人がいることや、予防接種を受けられない人がいることを児童生徒に教えることはできる。しかし、最も大切なことは、その課題を解決するためにはどうすれば良いのか、そして何ができるかを児童生徒に考えさせ、可能であれば実行させることなのである。そう考えれば、「総合的な学習の時間」を用いて児童生徒にSDGsについて考えさせることは、1学期や場合によっては1年間を通じて継続して取り組み児童生徒に考えさせることができる。それによって、児童生徒はSDGsを通じて、世界の、または日本国内の問題について考えることが可能であるため、その役割は非常に大きい。

写真3-8-2 カンボジアでの交流の様子（筆者撮影）

それ以外にも、高等学校や大学では、海外実習や海外インターンシップとして、1週間～10日程度の日程で途上国へ渡航し、現地の人々との交流や異文化体験を通じて肌で途上国の現状を感じることのできるプログラムを用意している学校現場は多く存在している。そのような取り組みは机上では学べない現状を学べる機会であり、国際的な学びの一助となることであろう。

3．SDGsに取り組む学校の事例

ここでは、実際にSDGsに取り組む学校の事例をあげる。なお、ここに取り上げた内容以外にも文部科学省は様々な学校の事例をホームページ上にて掲載している。

大阪夕陽丘学園高等学校

大阪夕陽丘学園高等学校は、2019年に人権の保護、不当な労働の排除、環境への対応と腐敗の防止に関わる4分野、10原則に賛同

写真3-8-3 大阪夕陽丘学園高等学校授業の様子（1）

写真 3-8-4　大阪夕陽丘学園高等学校授業の様
子（2）

写真 3-8-5　SDGs に取り組む企画の一例

する「国連グローバルコンパクト（UNGC）」に加盟をし、2021年度からは、日本初の SDGs 対応の制服導入を進めているほか、SDGs に関する授業を実施している。

　21年度より採用される制服は、「4．これからの企業の姿」でも紹介した明石 SUC による、「環境配慮型制服 Re-Ring」の採用を決定した。この「環境配慮型制服 Re-Ring」は使用後にも再利用が可能な制服となっており、環境への配慮に特化した制服となっている。

　また、授業では、1年生の「総合的な探究の時間」で「SDGs とは何か？」から始まり、生徒に対して、世界ではどのようなことが起こっているのかを伝える。

　その後、4人グループをつくり、各自が17の目標の担当を決め、その担当になった目標に対して、世界ではどんな問題が発生しているのか、そしてなぜ、SDGs ではこの目標を設定することが必要なのかを調べ、グループ内で各自が調べた内容についてシェアする。

　その後、各グループが17の目標のうち、気になる、興味のある内容を3つ決め、選んだ内容についてクラス内で説明・発表できるように準備の時間を与える。

　各グループの発表が終了したら、次のステップとして、「生徒が SDGs への関心を高め、学校全体として SDGs に取り組めるような企画」を考え、実際にその内容を生徒が考え、校内の掲示板に掲示し、全生徒の目につくようになっている。

　このように、SDGs に関する内容を生徒が実際に調べ、共有し、そして提案する取り組みはまさに ESD として非常に理想的な姿といえる。

SDGs を授業の教材として取り組み、世界の状況を知ることで、またその問題を自分ごととして考えることが、児童生徒の公共性を育む一助となるはずである。

4．これからの教育に求められること

SDGs を教育の現場に用いることは、児童生徒に世界を広く考える機会を与え、そしてシティズンシップを身につけさせることに繋がるだろう。

つまり、ESD の目的である「全ての命あるものが遠い未来まで営みを続けていくために必要なことを考える力」や、シティズンシップ教育で身につけるべき、「公共性」、「自分は一人ではなく、様々な国や人々と繋がっているという意識」の育成である。

世界は特に産業革命以降、近代科学の発展そしてグローバリズムのうねりのなか、急速な勢いで発展してきた。産業は農業から工業へと移り変わり、移動手段は馬車から、自動車、新幹線、飛行機へと変化し、通信手段は手紙から e-mail へと変化した。

そういった、交通手段や、通信手段のみならず、私たちはテレビやコンピューターを手にすることで非常に快適な生活を送ることが可能になってきた。

しかし、その一方で環境を破壊し、先進国と途上国の差を大きく開かせていった。増えていく人口に対応するように、森を切り崩し、海を埋め立て、生活する土地を開墾することで生活する土地を確保することと引き換えに、自然の生態系を狂わしていった。様々な製品をつくることと引き換えに大気汚染は深刻化していった。

先進国の生活を支えるため、途上国には危険かつ、先進国との不平等な取引によって貧困のサイクルから抜け出せず苦しんでいる人々が多く存在している。

SDGs は2030年に地球が、世界がこうあるべきであるという目標を掲げている。その目標に対して私たちは何が課題なのかを考え、明らかにし、行動していく必要がある。そしてその行動した結果は今の若い人たちや、これから生まれてくる子どもたちに影響してくる。

そのような現実を目の前にした現在、教育の現場において SDGs を題材とし、ESD、シティズンシップ教育の実践は不可欠である。

教育の効果は長い時間が経過しなければ目に見えない。教育を受けた子どもたちが大人になるには20年ほどの時間を要する。しかし、持続可能な教育を続けていかなければ2030年の SDGs 目標の達成は遠く、また私たちの子孫にまでさらに影響を及ぼすであろう。SDGs を題材にすることで、子どもたちが地球での問題を他人ごとと思わずに自分ごととして考え、そして改善に取り組むような教育は、今後さらに求められる。

ワークショップ

1）2030年にこうあって欲しいと思う地球の姿を付箋1枚に1つのキーワードで思いつく
　だけ書き、そのキーワードはSDGsの目標1〜17のどの目標に関わっているかをグルー
　プで話し合ってみましょう。
2）小学生がSDGsの課題に取り組むとしたら、どのような活動ができると考えますか？
　「どの課題に取り組むか」、「具体的にどのような活動ができるか」をレポートにまとめ
　ましょう。
3）あなたが小学校の教員であったとしたら、SDGsの課題をどの科目で、どのような授
　業を行いますか？
　　授業案を作成し発表しましょう。

〔文献〕
・前林清和『開発教育実践学―開発途上国の理解のために―』2010年　昭和堂
・前林清和『WIN-WIN の社会を目指して―社会貢献の多面的考察―』2009年　晃洋書房
・OECD HP
・文部科学省 HP
・Global Compact Network Japan HP
・夕陽丘学園高等学校 HP

9．命をつなぐ国際医療支援活動

1．国際医療支援活動

　わが国では、病気になったり、ケガをしたりすれば病院で治療を受けることが当たり前に思っており、その医療技術や病院の施設も世界でトップレベルのものである。また、公衆衛生状態もよく、感染症などの病気に対しても多くの対策が取られている。しかし、世界に目を向ければ開発途上国を中心に、先進国では当然救われる命が貧困や紛争、医療体制や公衆衛生の未整備などにより失われているのが現状である。

　このような状況において、人の命は同じであり、わが国だけがよければそれでよいということではもちろんない。一人でも多くの命を助け、守ることが私たちに求められているのである。

2．SDGs の視点から

　国際医療支援活動は、SDGs の視点から見ると、直接的にはゴール3の「全ての人に健康と福祉を」にあたるが、その目標達成に向けた進捗状況は、必ずしも十分とは言えない。未だに多くの開発途上国において、先進国であれば普通に受けることができる基礎的な保健医療サービスを受けることができずに様々な病気の脅威にさらされている。国際医療支援活動は、人々の健康と福祉を実現させていくために最も重要な支援活動と言える。

　次に、開発途上国では健康を維持するために必要なきれいな水や衛生環境も整っていないため感染症などが蔓延している。国際医療支援活動は感染症対策としても機能しており、安全な水とトイレの不足を補っているとも言える（ゴール6）。

　さらに、国際医療支援のなかでも緊急医療支援は、開発途上国における地震や台風、干ばつなどの大規模災害の際に多くの人々の命を救うことで、防災・減災に大きく貢献している（ゴール11）。

　また、開発途上国における最大の課題である貧困のサイクルからの脱出には、その主要因の1つである病気を克服しなければならないが、そのために先進国による医療支援は不可欠と言える（ゴール1）。

　このように、国際医療支援活動は、SDGs 複数のゴールを実現させていくために機能しているのである。

3．国際的に保健医療分野で活動する組織

　命の価値は同じであり、助けられる命を助けるという行為に国境はない。そのような信念のもと、多くの国際組織や国、国内の民間組織が医療支援活動を行っている。

　医療分野における国際組織のうちの政府間組織としては、UNICEF（ユニセフ、国際連合児童基金）やその専門機関としてのWHO（世界保健機関）、UNAIDS（国際連合エイズ合同計画）などがある。また、国際組織のうち国際非政府組織としては赤十字国際委員会や国境なき医師団などがある。また、日本のODAとしてはJICA（国際協力機構）が保健医療支援活動に携わるとともに災害時の人命救助や緊急医療支援のための国際緊急援助隊がある。さらに、わが国の民間の国際医療支援組織としてはアムダやジャパンハートなどがあり、開発途上国の日常の医療支援や災害時などの緊急医療支援活動を担っている。

1）国連組織─UNICEF─

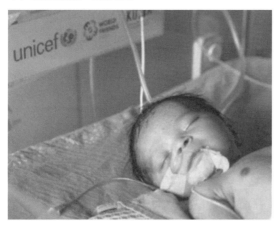

写真3-9-1　ユニセフの支援で治療を受ける子ども

　UNICEF（ユニセフ）は、国際連合総会の補助機関として、1946年に設立された。当初、第二次世界大戦後の子どもに対する緊急援助活動を目的としており、わが国も、終戦直後は援助を受けていたのである。

　その後、開発途上国や戦争・紛争で被害を受けている国や地域の子どもたちの支援活動を行ってきた。その精神は、「最も支援の届きにくい子どもたちを最優先に」、「世界のすべての子どもの命を守り、健やかな成長を支え、明るい未来をつくるため」であり、約190の国と地域で活動している。その活動分野は多岐にわたり、「保健」、「HIV/エイズ」、「水と衛生」、「栄養」、「教育」、「子どもの保護」、「インクルージョン」、「ジェンダーの平等」、「緊急支援・人道支援」があるが、そのなかでも、医療に関する活動としては、次のものがあげられる。
・保健
　世界の多くの子どもが5歳を迎える前に亡くなっている。その原因の多くは安全な水とワクチンがあれば防ぐことができるのである。ユニセフは予防接種の普及、安全な水や衛生的な環境の実現などに取り組んでいる。
・HIV/エイズ

全ての子どもを HIV／エイズから守るために、母子感染の予防、青少年に対する感染予防や治療ケアを行っている。

・水と衛生

安全な水と衛生的な環境を実現することで、感染症や下痢から子どもを守るために、給水設備やトイレの設置、手洗いなどの普及活動を行っている。

・栄養

栄養が足りず成長が困難な子どもが世界で3人に1人おり、そのなかで死のリスクにさらされている子どもが1660万人もいる。ユニセフは、栄養治療食の普及と保健員の配備によって重度栄養不良から子どもたちを守っている。

・緊急支援・人道支援

災害や紛争地域で最も犠牲を強いられる子どもたちの命を守る活動を行っている。

2）国際非政府組織―赤十字―

赤十字は、1863年、スイスのアンリ・デュナンによって設立された戦争や災害における傷病者救護活動や医療、保健、社会福祉事業を行う国際的な人道支援団体である。現在、ジュネーブに本部があり、世界189カ国に赤十字社・赤新月社がある。

日本赤十字社は、1877年に設立された日本赤十字社法に基づく認可法

写真3-9-2　赤十字の緊急救援活動

人である。主な活動内容は、献血事業、赤十字病院の運営、災害救護活動、国際活動、救急法等の講習会、社会福祉、赤十字ボランティア、青少年赤十字、看護師等の教育、チャリティ活動である。

例えば、海外で緊急事態や大規模災害が発生した時に備え「緊急対応ユニット」を常時組織しており、即時に対応している。

また、東日本大震災の際には、緊急支援活動として3月11日、14時46分に地震が発生してから、わずか10分後の14時56分には、全国の赤十字が活動を開始し、現地に先遣隊を送るとともに、赤十字病院や支部の職員などでつくる医療救護班55チームが被災地に向かった。その活動は、6ヵ月間にわたったのである。その間、7万5000人以上の診療にあたった。

3）日本政府の組織―国際緊急援助隊―

わが国の国際緊急援助の人的援助は、JICA の国際緊急援助隊が担っている。国際

緊急援助隊は、1987年設置以来、国際協力機構（JICA）に所属し、海外の地域、特に開発途上地域における大規模な災害に対し、被災国または国際機関の要請に応じて国際緊急援助を行っている。

　国際緊急援助隊は、救助チーム・医療チーム・専門家チーム、感染症対策チーム、自衛隊部隊から成っており、被災国の要請に応じて、単独あるいは複数のチームで編成され出動する体制をとっている。ここでは、医療チームの活動について見てみよう。医療チームは、2003年アルジェリア地震、2004年のスマトラ島沖大地震およびインド洋津波被害、2008年四川大地震、2010年ハイチ地震、2015年ネパール地震など発足以来59回出動している。特に、死者・行方不明者30万人近くを出した2004年のスマトラ島沖大地震およびインド洋津波被害では、インドネシア、スリランカ、タイ、モルディブ4カ国に対して医療チームをはじめとして14チームが出動したのである。

　被災者に対する診療や診療補助活動を中心に、公衆衛生の立場から防疫活動や調査を行う。チームは、医師、看護師、薬剤師、医療調整員、業務調整員から編成されている。このチームの特徴は、ボランティアで構成されていることであり、登録制度を設け、広く国民からボランティアを募り、日々、研修を積みつつ、災害時に備えているのである。

4）日本の民間組織─アムダ、ジャパンハート─

　わが国には、多くの民間の国際医療支援組織がある。そのなかのアムダとジャパンハートを紹介しておこう。

　特定非営利活動法人アムダは、「相互扶助の精神に基づき、災害や紛争発生時、医療・保健衛生分野を中心に緊急人道支援活動を展開」している。1984年に菅波茂氏によって設立され、現在は世界32の国と地域に支部があり、そのネットワークを活用して国内外で災害支援事業、難民支援事業、災害対応プラットフォーム、プライマリーヘルスケア事業、医療支援事業、グローバル人材育成事業、こども食堂支援プラットフォーム事業などさまざまな支援活動を行っている。

　特定非営利活動法人ジャパンハートは、2004年に吉岡秀人氏によって設立された。カンボジアやミャンマー、ラオスにおける医療支援、日本を含む ASEAN 内の自然災害時の際の緊急救援、カンボジアにおける医療人材育成、ミャンマーにおける障がい者の自立支援、ミャンマーにおける子どもの教育・自立支援、カンボジアにおけるがんと闘う子どもと家族の支援などを行っている。

4．アルジェリア地震での活動

　2003年5月21日、アルジェリア民主人民共和国において、マグニチュード6.8の強い地震が発生した。死者2266人、負傷者1万人以上を出した。

写真3-9-3　活動中の筆者

日本政府は、地震の規模や被害状況から、地震直後に国際緊急援助隊の救助チームを2次にわたって派遣し、引き続きその3日後には医療チームを派遣した。

筆者は、国際緊急援助隊医療チームの隊員（医療調整員）として出動しミッションに臨んだ。現地では、到着後すぐに活動を開始し、ゼムリ市という震源地にもっとも近い地中海沿いにある2～3万人の町に入った。この町は、約9割が全半壊の状態で、当時、市長も行方不明ということで町の機能がほとんど停止している状況であるにもかかわらず、海外からの支援はほとんど入っておらず、住民たちは途方にくれていた。チームは、即座に被災者のテント村がある町の小さなサッカースタジアムの一画に、テント式のクリニックを設営し、医療活動を開始した。アルジェリアは、国内テロが頻発しており、治安も悪く、私たちも幾度となく危険な場面に遭遇しながらの活動であった。そのため診療は午前9時から夕方までが原則であったが、最大余震のあった日は夜中にも出動した。診察時間中は、筆者は主にトリアージを担当した。診察した患者数は1700名近くに上ったが、その他にも公衆衛生に関する支援も行い、仮設トイレの提案や指導、排水に関する調査などを手がけた。

国際緊急援助隊の使命は、全ての命の価値は同じで、困っている人に手を差し伸べるという極めてシンプルなものであり、まさにSDGsの理念を具現化したものと言えよう。

5．これからの課題

グローバル化が進むなかで、2020年の1月から中国の武漢から一気に世界に広まった新型コロナウイルスによるパンデミックは、これからの国際医療支援にも一石を投じることになった。

今までは、先進国から開発途上国への医療支援という流れが基本にあったが、先進国が大きなダメージを負ってしまった。このような世界規模の新たな感染症の流行は、グローバル化が進むなか、2002年に中国から端を発したSARS、2012年にアラビア半島諸国から広がったMERS、そして2020年の新型コロナウイルスとほぼ10年おきに新たな感染症が発生している。つまり、これからも短期間で新型の感染症が発生する可能性が非常に高く、いったん発生すれば、世界中の国が国境を封鎖するという

事態になる可能性が極めて高いのである。このように考えると、発生してからの支援というのではなく、それぞれの国で感染症対策を日ごろから行っておかなければならない、そのための支援活動が重要となってくる。つまり、パンデミックの際に先進国、開発途上国の区別なく、感染症に対応できるような平常時からの医療システムやネットワークを構築しておくことが求められる。

ワークショップ

1）国際医療支援活動が、SDGs にとってなぜ必要か、これからどうあるべきなのかを考え、自分なりの意見も含めて、グループで発表し、話し合ってみましょう。また、各自が本文に紹介している活動以外の活動を調べて、共有することで国際医療支援活動の知識を広げましょう。

2）2004年、インドネシアでスマトラ島沖大地震・インド洋大津波が発生し、大きな被害が出ました。その際、日本からは即座に国際緊急援助隊が出動しました。地震と津波による被害の概要と支援活動の内容を調べて、レポートを作成しましょう。

3）海外、国内で大規模災害が起きた場合、私たちに何ができるか、海外、国内それぞれに分けてグループで話し合いましょう。はじめに各自が自分の意見を3つ以上メモしたうえで、全員が発表してから、話し合いをしてください。最後に、グループごとに話し合った結果を発表しましょう。

〔文献〕
・日本ユニセフ協会 HP
・前林清和『国際協力の知―世界でボランティアを志す人のために―』昭和堂　2008年
・AMDA ジャーナル―国際協力―2019年夏号　2019年
・ジャパンハート HP

10.　今日からはじめる SDGs

1．SDGs を自分ごとにする

　これまで SDGs の各章を読み進めてきた読者のみなさん。SDGs を実践する人はいったい誰でしょうか？　多くの誤解は SDGs は世界規模のことであり、政府や主要機関、企業などがやるものだと思っていることである。その多くが世界の出来事であり、自分の身近には起こっていない。多くは開発途上国という遠い世界のことだと勘違いしているからである。「SDGs って、結局は環境問題でしょう？」、「飢餓や貧困は日本には関係ない問題でしょう？」で終わってしまっているから身近な問題になりにくいという課題があるのではないかと考えられる。つまり、SDGs について関心のない人たちの多くが「傍観者」になってしまっているということである。

　SDGs の目標とそれに繋がるターゲットを読んでみると、現実の生活に落とし込むまでに至らないことがさらに難しさに繋がっている。まずはこの大きな誤解を解く必要があるが、SDGs の第一歩は SDGs の主体は自分自身であり、どれだけ自分ごととして意識し、行動できるのかということである。

　その第 1 歩を踏み出すのは、筆者は「教育」しかないと思っている。2020年からスタートした学習指導要領の前文には「持続可能な社会の創り手の育成」が明記された。これには、SDGs 達成のための教育（ESD：Education for Sustainable Development）が不可欠である。ESD とは「一人ひとりが、世界の人々が将来世代、環境との関係性の中で生きていることを認識し、行動を変革するための教育」（国連持続可能な開発のための10年関係省庁連絡会議，2006）とされている。

　最新の SDGs 認知度調査（朝日新聞社，2020）では、32.9％が SDGs という言葉を聞いたことがあると回答している。筆者が調査したある中学校で SDGs という言葉を知っているかの問いに「知っている」と回答したのはわずか 3 ％の生徒であり、

SDGs が教育現場に降りてきていない現実がある。

　現場の教員の声を聴いてみると、実際に教科と関連付けて学習することや学校内の活動と行動に結び付けていく困難さが聞かれた。

　まずは、SDGs とは何かを正しく理解し、自分が何ができるかを「紐づけ」していくことが必要である。また、実際に行動していることが、SDGs のどことつながっているのかも「紐づけ」になるが、そこのつながりを明確にすることができれば、より SDGs を身近なものにすることができるのではないかと考える。新たな取り組みを始めることは教員にも負担が大きくエネルギーが必要であるが、既存の学校での取り組みや活動を SDGs と関連させることができれば学校での SDGs の取り組みはそれほどハードルの高いものにはならないと考える。

2．「紐づけ」の具体例

　筆者は2019年より、オリンピック・パラリンピックムーブメント全国展開事業に関わってきた。そのなかで、スポーツ庁が示す「スポーツ SDGs」に関連した教材開発を行った。スポーツ SDGs とは、「スポーツの持つ、人々を集める力や人々を巻き込む力を使って、SDGs の認知度向上、ひいては、社会におけるスポーツの価値のさらなる向上に取り組む」（スポーツ庁、2018）ことである。

　いくつかの教育実践校や SDGs 推進校で活動を行ってきたが、その教材をもとにした紐づけについて、具体例をあげて説明したい。

　オリンピック・パラリンピック・ムーブメント全国展開事業（オリパラ教育）とは、「オリンピック・パラリンピック・ムーブメントを全国に波及させ、2020年東京オリンピック・パラリンピック競技大会を成功させるため、オリンピック・パラリンピック教育を開催都市だけでなく全国に展開する」ための取り組みであり、全国45都市952校（令和 2 年 3 月31日現在）で実施されている。

　オリパラ教育が目指すところは、「大会開催を契機に、オリンピック・パラリンピック教育の推進によるスポーツの価値や効果の再認識を通じ、国際的な視野を持って世界平和に向けて貢献できる人材を育成する」ものであり、この目的を達成するために上記の事業が全国で実施され、レガシーとして残していくことが期待されている。

　こうした目的のもと、スポーツ SDGs を実践的に学んでいくための

写真 3 -10- 1　SDGs 推進校での実践活動
（写真提供：浜松市立平山小学校）

表 3-10-1　SDGs の実践活動への紐づけ

	目　標	クイズのテーマ	実践活動への紐づけ
1	貧困をなくそう	開発途上国や被災地へのスポーツ支援	不要なスポーツ用品を寄付しよう！
2	飢餓をゼロに	オリパラのフードロスの取り組み	バランスの良いメニューを考え、つくってみよう！
3	すべての人に健康と福祉を	熱中症対策	熱中症対策にならないための対策をしよう！
4	質の高い教育をみんなに	ドーピングについて学ぶ	オリパラ教育を学んで、伝えよう！
5	ジェンダー平等を実現しよう	オリパラのプライドハウスの取り組み	人や国を差別しない、いじめをしない！
6	安全な水とトイレを世界中に	トイレのピクトグラム	水のむだづかいをしない！
7	エネルギーをみんなにそしてクリーンに	再生可能エネルギーを知り、利用する	むだな電気を使わない。こまめに消そう！
8	働きがいも経済成長も	オリパラのボランティアを知る	スポーツボランティアに参加してみよう！
9	産業と技術革新の基盤をつくろう	インターネットの世界の普及率を学ぶ	オンラインでオリパラ選手を応援しよう！
10	人や国の不平等を無くそう	男女の違いを知る・学ぶ	海外のスポーツ支援を学び、伝えよう！
11	住み続けられるまちづくりを	健康寿命・幸福度を知る・学ぶ	気軽にできるスポーツを続けて行ってみよう！
12	つくる責任つかう責任	3Rを学び、実践してみる	使わなくなったスポーツ用品を3Rしよう！
13	気候変動に具体的な対策を	再利用について知る・学ぶ	CO_2を減らすため、省エネ機器に取り換えよう！
14	海の豊かさを守ろう	マイクロプラスチックが海に与える影響を知る・学ぶ	海や川をまもるクリーン活動に参加してみよう！
15	陸の豊かさも守ろう	オリパラで使われた木材を知る・学ぶ	学校や地域で植樹に取り組んでみよう！
16	平和と公正をすべての人に	ダイバーシティの意味を知る・学ぶ	フェアプレイをこころがけよう！
17	パートナーシップで目標を達成しよう	みんなのメダルプロジェクトを知る・学ぶ	みんなで協力してオリパラを盛り上げよう！

ツールとして「スポーツ SDGs すごろく」を開発した（写真 3-10-1）。

　スポーツ立国戦略（2010）では、基本的な考え方として「人（する人、観る人、支える（育てる）人）の重視」を掲げている。スポーツの楽しみ方は、「するスポーツ」だけでなく、スポーツを会場や TV、インターネットで「観戦するスポーツ」、そして、試合の運営や指導を行う「支えるスポーツ」など、様々な楽しみ方、関わり方がある。スポーツ SDGs では、こうした様々なスポーツ場面で自分自身ができることを行

動に結び付けていく、きっかけづくりの第一歩を意識したものになっている。内容によってはハードルの高いものもあるかもしれないが、SDGs の全てを実践しなければならないと思うのではなく、自分のできることから始めれば良いのである。

　例えば、今すぐできることとして、「水の無駄づかいをしない」、「無駄な電気を使わない。こまめに消す」ということはすぐに始められる行動である。夏期であればエアコンの温度を1℃上げてみる。シャワーの時間を短くしてみる。ドライヤーをかける時間を短くしてみる。意識的に取り組むだけで、それが SDGs の実践であり、地球を守ることにつながっているのである。また、日々行っている行動を考えてみると、既に実践していることがある。例えば、コンビニでビニール袋をもらわず、持参したエコバックを使った。家の電気を LED 電球にした。エコカーに乗っている。ペットボトルの飲み物を買わず、マイボトルを持ち歩くなど、既に SDGs を実践できていることもある。重要なことはこれらの行動が SDGs に繋がり、目標の何番になるという紐づけができているかどうかということである。

３．なぜ、SDGs を実践する必要があるのか

　SDGs を教育現場で実践していくためには、なぜ SDGs をやらなければならないのか、なぜ、個人が実践していく必要があるのかを明確に示していく必要がある。なぜならば、その意識がなければ自分ごとにならないからである。SDGs の目標が達成されず、このままの生活を続けていたら確実に未来の地球は崩壊することになる。毎年のように起こる災害、増え続けるゴミ問題、超少子高齢化問題など、私たちの日常には既に地球規模で発生している問題がある。このままでは10年後、20年後の未来を描くことは困難である。そのために、SDGs を実践していく必要がある。

　なぜ、SDGs をやらなければならないのかを意識づけるためには、未来年表が有効である。未来年表は、私たちの社会は今後どうなっていくのかということを予測したものである。同時に未来年表は、SDGs にも直結するものである。

　この資料によれば、日本は2025年に東京の人口減少が始まり、既に問題となっている空き家問題が顕著になる。2040年には自治体の半数が消滅すると予測され、2050年には社会保障制度が破綻し、犯罪が増加する。また、世界的な食糧不足に陥

表3-10-2　未来年表（菅田貴司氏 SDGs トークショーより）

2025年	東京で人口減少始まる。
2030年	東京がゴーストタウン化（空き家）
2039年	死亡数ピーク（火葬場不足）
2040年	自治体の半数が消滅（地域の消滅）
2040年	団塊ジュニア大量退職（人材不足）
2050年	日本人口1億人を割る。 社会保障破綻・犯罪増加。治安悪化。 世界的な食糧不足（貧困・飢餓・紛争）
2050年以降	予測不能

出典：竹内嘉邦（浜松いわた信用金庫 SDGs 推進部）講演資料より引用

り、貧困、飢餓、紛争という問題が顕著となると予測されている。さらに、SDGsが実践されなければ、未来年表を加速させてしまうことになる。この未来年表を加速させないためには、国や団体や企業だけではなく、私たち一人ひとりがSDGsを知り、できることを行動に表していかなければならないということである。私たち大人は、教育を通じて未来を担う子どもたちに安心安全な社会で暮らせ、より良い未来をつくることができるようSDGsを伝え、行動できるための方法論を教えていく必要がある。

国連が示している「持続可能な社会のためにナマケモノにもできるアクション・ガイド（改訂版）」(2019) は、SDGsに取り組むため、レベル1：ソファに寝たままできること。レベル2：家にいてもできること。レベル3：家の外でできること。レベル4：職場でできることとして、簡単に取り組めるアクションの例が示されている（表3-10-3）。

このガイドは個人レベルで学校や職場レベルで何ができるのかの指標であり、レベル1〜4で段階的にハードルの低いものから取り組むことができるようになっている。まずは自分ができることから始めれば良い。

表3-10-3　「持続可能な社会のためにナマケモノにもできるアクション・ガイド（改訂版）」(2019) 一部、抜粋。

レベル1	ソファに寝たままできること	・いいね！　するだけじゃなく、シェアしよう。女性の権利や気候変動についてソーシャルメディアでおもしろい投稿を見つけたら、ネットワークの友達にシェアしよう。 ・オンラインでのいじめを報告しよう。掲示板やチャットルームで嫌がらせを見つけたら、その人に警告しよう。
レベル2	家にいてもできること	・生鮮品や残り物、食べ切れない時は早めに冷凍しよう。翌日までに食べられそうにないテイクアウトやデリバリーもね。そうすれば、食べ物もお金も無駄にしなくて済むからね。 ・できるだけ簡易包装の品物を買おう！
レベル3	家の外でできること	・買い物は地元で！　地域の企業を支援すれば、雇用が守られるし、長距離トラックの運転も必要なくなる。 ・「訳あり品」を買おう！　大きさや形、色が規格に「合わない」という理由だけで、捨てられてしまうような野菜や果物がたくさんあるよ。
レベル4	職場でできること	・女性は男性と同じ仕事をしても、賃金が10％から30％低く、賃金格差はあらゆる場所で残っている。同一労働同一賃金を支持する声を上げよう。 ・声を上げよう。人間にも地球にも害を及ぼさない取り組みに参加するよう、会社や政府に求めよう。パリ協定への支持を声にしよう。

出典：国際連合広報センター、「持続可能な社会のためにナマケモノにもできるアクション・ガイド（改訂版）」(2019) より引用

次に国連が示すSDGsシリーズ「なぜ大切か」改訂版から抜粋したものを示す（表3-10-4）。17の目標それぞれに、なぜこの目標が設定されたのか、何が問題となっ

ているのか、取り組まなかったらどうなるのか、私たちには何ができるのかなどが端的にまとめられている。

表3-10-4　SDGsシリーズ「なぜ大切か」(2019)

目標	なぜ、大切か
1	世界が健康と教育の改善に向けた行動を取らなければ、2030年までに1億6700万人の子どもが極度の貧困の中で暮らすことになります。
2	現在、飢餓に苦しむ7億9500万人と2050年までに予測される世界人口増加分の20億人の食料を確保するためには、グローバルな食料・農業システムの根本的な変革が必要です。
3	予防接種に10億ドルを費やせば、毎年100万人の子どもの命を救うことができます。
4	開発途上国の小学校就学率は91％に達した一方、依然として5700万人の子どもが学校へ通えていない状況にあります。
5	上級・中級管理職に占める女性の割合は、平均で3人に1人に達していません。
6	世界人口の10人に3人が、安全に管理された飲料水サービスを利用できていません。
7	全世界の人々が電球を省エネ型に変えれば、世界は毎年1200億ドルを節約できることになります。
8	3000万件：世界の生産年齢人口の増大に合わせ、毎年、労働市場への新規参入者に提供する必要のある雇用の数。
9	産業化による雇用増加作用は社会に好影響を与えます。製造業で雇用が1件増えるごとに、他の部門で2.2件の雇用が生まれます。
10	世界人口のいずれの部分を除いても、持続可能な開発を達成することはできません。
11	2030年までに、50億人が都市で暮らすことになると予測されています。
12	世界人口が2050年までに96億人に達するとすれば、現在のライフスタイルを維持するために、ほぼ3つの惑星が必要になります。
13	パリ協定により、新興市場で気候変動対策に対応する投資として23兆米ドルに相当するビジネスチャンスが生まれました。
14	海洋と沿岸の生物多様性に生計を依存する人々は、30億人を超えています。
15	16億人近くが生計を森林に依存し、その中には7000万人の先住民が含まれます。
16	持続可能な開発目標を達成するためには、平和で公正かつ包摂的な社会が必要です。
17	各国が定めた開発の優先課題と成果に見合う開発協力を行うためには、特に脆弱な国々で、より一層の取り組みが必要です。

出典：国際連合広報センター、SDGsシリーズ「なぜ大切か」より引用

　大事なことは、「なぜ大切か」を理解し、豊かな世界を未来に繋ぐために自分自身がアクションを起こさないといけないと感じ、行動することである。そのために、1つでも今日からできることを意識的にトライしてほしいと考える。

4．ワークショップでSDGsをさらに自分ごとにする

　面白法人カヤックが展開するワークショップの基本は「ブレスト」である。
イラストが入ったブレストカードを用いて、アイディアを出し合う手法である。
「質より量を出す」こと、「人の意見に上手く乗っかる」ことの2つのルールと原則、

「質問しない」、「脱線しすぎない」、「否定しない」ことを意識してブレストが始まる。

　学生対象のワークショップを行う場合は、ある程度の「しかけ」が必要であり、意見が単調にならないよう、正解に落とし込ませるのではなく、まずは意見を出し合うことができるような雰囲気づくりが重要となる。ディスカッションの多くは「こんなこと言ったらどう思われるだろう」、「正解を言わないとダメなんじゃないの」というような否定的な感情から発言が少なくなったり、強い意見や多くの発言をする人の意見に偏りやすい傾向が見られる。SDGsを自分ごととしてアクションに結び付けていくためには、ディスカッションやブレインライティングの手法を用いたワークショップがより良い学習手法になるであろう。SDGsという同じ目的やイメージを共有することができれば、新たな発想が生まれ、より活発な活動が期待できる。

ワークショップ

1）国際連合広報センターのSDGsシリーズ「なぜ必要か」に示されている17の目標について、なぜこの目標が設定されたのか、何が問題となっているのか、取り組まなかったらどうなるのか、私たちには何ができるのかについて、グループでブレインライティングしてみましょう。それをもとにグループの意見をまとめ、発表しましょう。
2）国際連合広報センターの「持続可能な社会のためにナマケモノにもできるアクション・ガイド（改訂版）」(2019)が提示しているレベル１：ソファに寝たままできること。レベル２：家にいてもできること。レベル３：家の外でできること。レベル４：職場でできることについて、自分自身でできることをチェックしてみましょう。取り組みをする期間を決めて、いくつアクションを起こせたのかレポートをまとめましょう！

〔文献〕
・国際連合広報センター：SDGsシリーズ「なぜ大切か」2019年
　https://www.unic.or.jp/news_press/info/24453/　最終アクセス2020年11月20日
・国際連合広報センター：「持続可能な社会のためにナマケモノにもできるアクションガイド（改訂版）」2019年
　https://www.unic.or.jp/news_press/features_backgrounders/24082/　最終アクセス2020年11月20日

エピローグ

　本書は、SDGs の初学者向けのガイドとして、読者が「自分ごと」として捉えられることを目的に作成した。SDGs は、どこかの見知らぬ惑星の話ではなく、私たちが住む地球が抱える喫緊の現実的課題を背景とした、自分自身とグローバル社会を繋げる強力なツールであり、自己教育力を高めるための良き教材でもある。

　SDGs の達成に向けて最も重要なことは、2030年にむけて一人ひとりが具体的行動を起こすことであるが、本書で述べてきたように、SDGs の知識を習得しただけでは行動の変容は起こらない。なぜなら、人のライフスタイルは、個々人の価値観や信念、生育環境や文化をはじめとする諸要因が複雑に絡み合って構築されているからである。しかし、SDGs を学ぶ目的がどのようなものであっても、SDGs の思想に触れ、様々な活動を通じて得られた豊かな経験は、確かな実感や共感を伴う「心身の記憶」として個々の人間形成に深く根づくであろう。

　現代の医療革新や情報化社会は、私たちの生き方に大きな変革を迫っているが、SDGs で示された17のゴールは、社会の質的変化を踏まえた現代的な課題を前に、新たな時代に求められる人間の在り方を描こうとしている。そして、その本質は、「実感・納得・本音を大切にした学び」であり、学びの基盤となる実感世界を拡げ、深め、耕していくためには、心身の諸機能が全体として参画する体験活動こそが大切な意味を持つ。本書を通じて、「自分ごと」としての質の高い体験活動を重ね、省察を深めることを切に望む。

　最後に、SDGs が社会的に注目される随分前から、国内外で献身的な活動を続けてきた執筆者の皆さんが、1つのチームとして有機的に繋がることによって本書を完成させることができた。本書は、執筆者の豊富な実践活動から明らかになったことや、悩み考え抜いたことを基本フレームとしてまとめている。その基盤となる数々の調査や研究成果を惜しみなく提供してくださった皆様に心から感謝申し上げる。

2021年1月

編者（文責：中村）

SDGs の169のターゲット一覧

目標１のターゲット

1.1　2030年までに、現在１日1.25ドル未満で生活する人々と定義されている極度の貧困をあらゆる場所で終わらせる。

1.2　2030年までに、各国定義によるあらゆる次元の貧困状態にある、全ての年齢の男性、女性、子供の割合を半減させる。

1.3　各国において最低限の基準を含む適切な社会保護制度及び対策を実施し、2030年までに貧困層及び脆弱層に対し十分な保護を達成する。

1.4　2030年までに、貧困層及び脆弱層をはじめ、全ての男性及び女性が、基礎的サービスへのアクセス、土地及びその他の形態の財産に対する所有権と管理権限、相続財産、天然資源、適切な新技術、マイクロファイナンスを含む金融サービスに加え、経済的資源についても平等な権利を持つことができるように確保する。

1.5　2030年までに、貧困層や脆弱な状況にある人々の強靱性（レジリエンス）を構築し、気候変動に関連する極端な気象現象やその他の経済、社会、環境的ショックや災害に暴露や脆弱性を軽減する。

1.a　あらゆる次元での貧困を終わらせるための計画や政策を実施するべく、後発開発途上国をはじめとする開発途上国に対して適切かつ予測可能な手段を講じるため、開発協力の強化などを通じて、さまざまな供給源からの相当量の資源の動員を確保する。

1.b　貧困撲滅のための行動への投資拡大を支援するため、国、地域及び国際レベルで、貧困層やジェンダーに配慮した開発戦略に基づいた適正な政策的枠組みを構築する。

目標２のターゲット

2.1　2030年までに、飢餓を撲滅し、全ての人々、特に貧困層及び幼児を含む脆弱な立場にある人々が一年中安全かつ栄養のある食料を十分得られるようにする。

2.2　５歳未満の子供の発育阻害や消耗性疾患について国際的に合意されたターゲットを2025年までに達成するなど、2030年までにあらゆる形態の栄養不良を解消し、若年女子、妊婦・授乳婦及び高齢者の栄養ニーズへの対処を行う。

2.3　2030年までに、土地、その他の生産資源や、投入財、知識、金融サービス、市場及び高付加価値化や非農業雇用の機会への確実かつ平等なアクセスの確保などを通じて、女性、先住民、家族農家、牧畜民及び漁業者をはじめとする小規模食料生産者の農業生産性及び所得を倍増させる。

2.4　2030年までに、生産性を向上させ、生産量を増やし、生態系を維持し、気候変動や極端な気象現象、干ばつ、洪水及びその他の災害に対する適応能力を向上させ、漸進的に土地と土壌の質を改善させるような、持続可能な食料生産システムを確保し、強靱（レジリエント）な農業を実践する。

2.5　2020年までに、国、地域及び国際レベルで適正に管理及び多様化された種子・植物バンクなども通じて、種子、栽培植物、飼育・家畜化された動物及びこれらの近縁野生種の遺伝的多様性を維持し、国際的合意に基づき、遺伝資源及びこれに関連する伝統的な知識へのアクセス及びその利用から生じる利益の公正かつ衡平な配分を促進する。

2.a　開発途上国、特に後発開発途上国における農業生産能力向上のために、国際協力の強化などを通じて、農村インフラ、農業研究・普及サービス、技術開発及び植物・家畜のジーン・バンクへの投資の拡大を図る。

2.b　ドーハ開発ラウンドのマンデートに従い、全ての農産物輸出補助金及び同等の効果を持つ全ての輸出措置の同時撤廃などを通じて、世界の市場における貿易制限や歪みを是正及び防止する。

2.c　食料価格の極端な変動に歯止めをかけるため、食料市場及びデリバティブ市場の適正な機能を確保するための措置を講じ、食料備蓄などの市場情報への適時のアクセスを容易にする。

目標3のターゲット

3.1　2030年までに、世界の妊産婦の死亡率を出生10万人当たり70人未満に削減する。

3.2　全ての国が新生児死亡率を少なくとも出生1,000件中12件以下まで減らし、5歳以下死亡率を少なくとも出生1,000件中25件以下まで減らすことを目指し、2030年までに、新生児及び5歳未満児の予防可能な死亡を根絶する。

3.3　2030年までに、エイズ、結核、マラリア及び顧みられない熱帯病といった伝染病を根絶するとともに肝炎、水系感染症及びその他の感染症に対処する。

3.4　2030年までに、非感染性疾患による若年死亡率を、予防や治療を通じて3分の1減少させ、精神保健及び福祉を促進する。

3.5　薬物乱用やアルコールの有害な摂取を含む、物質乱用の防止・治療を強化する。

3.6　2020年までに、世界の道路交通事故による死傷者を半減させる。

3.7　2030年までに、家族計画、情報・教育及び性と生殖に関する健康の国家戦略・計画への組み入れを含む、性と生殖に関する保健サービスを全ての人々が利用できるようにする。

3.8　全ての人々に対する財政リスクからの保護、質の高い基礎的な保健サービスへのアクセス及び安全で効果的かつ質が高く安価な必須医薬品とワクチンへのアクセスを含む、ユニバーサル・ヘルス・カバレッジ（UHC）を達成する。

3.9　2030年までに、有害化学物質、並びに大気、水質及び土壌の汚染による死亡及び疾病の件数を大幅に減少させる。

3.a　全ての国々において、たばこの規制に関する世界保健機関枠組条約の実施を適宜強化する。

3.b　主に開発途上国に影響を及ぼす感染性及び非感染性疾患のワクチン及び医薬品の研究開発を支援する。また、知的所有権の貿易関連の側面に関する協定（TRIPS協定）及び公衆の健康に関するドーハ宣言に従い、安価な必須医薬品及びワクチンへのアクセスを提供する。同宣言は公衆衛生保護及び、特に全ての人々への医薬品のアクセス提供にかかわる「知的所有権の貿易関連の側面に関する協定（TRIPS協定）」の柔軟性に関する規定を最大限に行使する開発途上国の権利を確約したものである。

3.c　開発途上国、特に後発開発途上国及び小島嶼開発途上国において保健財政及び保健人材の採用、能力開発・訓練及び定着を大幅に拡大させる。

3.d　全ての国々、特に開発途上国の国家・世界規模な健康危険因子の早期警告、危険因子緩和及び危険因子管理のための能力を強化する。

目標4のターゲット

4.1　2030年までに、全ての子供が男女の区別なく、適切かつ効果的な学習成果をもたらす、無償かつ公正で質の高い初等教育及び中等教育を修了できるようにする。

4.2　2030年までに、全ての子供が男女の区別なく、質の高い乳幼児の発達・ケア及び就学前教育にアクセスすることにより、初等教育を受ける準備が整うようにする。

4.3　2030年までに、全ての人々が男女の区別なく、手の届く質の高い技術教育・職業教育及び大学を含む高等教育への平等なアクセスを得られるようにする。

4.4　2030年までに、技術的・職業的スキルなど、雇用、働きがいのある人間らしい仕事及び起業に必要な技能を備えた若者と成人の割合を大幅に増加させる。

4.5　2030年までに、教育におけるジェンダー格差を無くし、障害者、先住民及び脆弱な立場にある子供など、脆弱層があらゆるレベルの教育や職業訓練に平等にアクセスできるようにする。

4.6　2030年までに、全ての若者及び大多数（男女ともに）の成人が、読み書き能力及び基本的計算能力を身に付けられるようにする。

4.7　2030年までに、持続可能な開発のための教育及び持続可能なライフスタイル、人権、男女の平等、平和及び非暴力的文化の推進、グローバル・シチズンシップ、文化多様性と文化の持続可能な開発への貢献の理解の教育を通して、全ての学習者が、持続可能な開発を促進するために必要な知識及び技能を習得できるようにする。

4.a 子供、障害及びジェンダーに配慮した教育施設を構築・改良し、全ての人々に安全で非暴力的、包摂的、効果的な学習環境を提供できるようにする。

4.b 2020年までに、開発途上国、特に後発開発途上国及び小島嶼開発途上国、並びにアフリカ諸国を対象とした、職業訓練、情報通信技術（ICT）、技術・工学・科学プログラムなど、先進国及びその他の開発途上国における高等教育の奨学金の件数を全世界で大幅に増加させる。

4.c 2030年までに、開発途上国、特に後発開発途上国及び小島嶼開発途上国における教員研修のための国際協力などを通じて、質の高い教員の数を大幅に増加させる。

目標5のターゲット

5.1 あらゆる場所における全ての女性及び女児に対するあらゆる形態の差別を撤廃する。

5.2 人身売買や性的、その他の種類の搾取など、全ての女性及び女児に対する、公共・私的空間におけるあらゆる形態の暴力を排除する。

5.3 未成年者の結婚、早期結婚、強制結婚及び女性器切除など、あらゆる有害な慣行を撤廃する。

5.4 公共のサービス、インフラ及び社会保障政策の提供、並びに各国の状況に応じた世帯・家族内における責任分担を通じて、無報酬の育児・介護や家事労働を認識・評価する。

5.5 政治、経済、公共分野でのあらゆるレベルの意思決定において、完全かつ効果的な女性の参画及び平等なリーダーシップの機会を確保する。

5.6 国際人口・開発会議（ICPD）の行動計画及び北京行動綱領、並びにこれらの検証会議の成果文書に従い、性と生殖に関する健康及び権利への普遍的なアクセスを確保する。

5.a 女性に対し、経済的資源に対する同等の権利、並びに各国法に従い、オーナーシップ及び土地その他の財産、金融サービス、相続財産、天然資源に対するアクセスを与えるための改革に着手する。

5.b 女性の能力強化促進のため、ICTをはじめとする実現技術の活用を強化する。

5.c ジェンダー平等の促進、並びに全ての女性及び女子のあらゆるレベルでの能力強化のための適正な政策及び拘束力のある法規を導入・強化する。

目標6のターゲット

6.1 2030年までに、全ての人々の、安全で安価な飲料水の普遍的かつ衡平なアクセスを達成する。

6.2 2030年までに、全ての人々の、適切かつ平等な下水施設・衛生施設へのアクセスを達成し、野外での排泄をなくす。女性及び女児、並びに脆弱な立場にある人々のニーズに特に注意を払う。

6.3 2030年までに、汚染の減少、投棄の廃絶と有害な化学物・物質の放出の最小化、未処理の排水の割合半減及び再生利用と安全な再利用の世界規模で大幅に増加させることにより、水質を改善する。

6.4 2030年までに、全セクターにおいて水利用の効率を大幅に改善し、淡水の持続可能な採取及び供給を確保し水不足に対処するとともに、水不足に悩む人々の数を大幅に減少させる。

6.5 2030年までに、国境を越えた適切な協力を含む、あらゆるレベルでの統合水資源管理を実施する。

6.6 2020年までに、山地、森林、湿地、河川、帯水層、湖沼を含む水に関連する生態系の保護・回復を行う。

6.a 2030年までに、集水、海水淡水化、水の効率的利用、排水処理、リサイクル・再利用技術を含む開発途上国における水と衛生分野での活動と計画を対象とした国際協力と能力構築支援を拡大する。

6.b 水と衛生に関わる分野の管理向上における地域コミュニティの参加を支援・強化する。

目標7のターゲット

7.1 2030年までに、安価かつ信頼できる現代的エネルギーサービスへの普遍的アクセスを確保する。

7.2 2030年までに、世界のエネルギーミックスにおける再生可能エネルギーの割合を大幅に拡大させる。

7.3 2030年までに、世界全体のエネルギー効率の改善率を倍増させる。

7.a 2030年までに、再生可能エネルギー、エネルギー効率及び先進的かつ環境負荷の低い化石燃料技術などのクリーンエネルギーの研究及び技術へのアクセスを促進するための国際協力を強化し、エネルギー関連

インフラとクリーンエネルギー技術への投資を促進する。

7.b　2030年までに、各々の支援プログラムに沿って開発途上国、特に後発開発途上国及び小島嶼開発途上国、内陸開発途上国の全ての人々に現代的で持続可能なエネルギーサービスを供給できるよう、インフラ拡大と技術向上を行う。

目標8のターゲット

8.1　各国の状況に応じて、一人当たり経済成長率を持続させる。特に後発開発途上国は少なくとも年率7％の成長率を保つ。

8.2　高付加価値セクターや労働集約型セクターに重点を置くことなどにより、多様化、技術向上及びイノベーションを通じた高いレベルの経済生産性を達成する。

8.3　生産活動や適切な雇用創出、起業、創造性及びイノベーションを支援する開発重視型の政策を促進するとともに、金融サービスへのアクセス改善などを通じて中小零細企業の設立や成長を奨励する。

8.4　2030年までに、世界の消費と生産における資源効率を漸進的に改善させ、先進国主導の下、持続可能な消費と生産に関する10年計画枠組みに従い、経済成長と環境悪化の分断を図る。

8.5　2030年までに、若者や障害者を含む全ての男性及び女性の、完全かつ生産的な雇用及び働きがいのある人間らしい仕事、並びに同一労働同一賃金を達成する。

8.6　2020年までに、就労、就学及び職業訓練のいずれも行っていない若者の割合を大幅に減らす。

8.7　強制労働を根絶し、現代の奴隷制、人身売買を終わらせるための緊急かつ効果的な措置の実施、最悪な形態の児童労働の禁止及び撲滅を確保する。2025年までに児童兵士の募集と使用を含むあらゆる形態の児童労働を撲滅する。

8.8　移住労働者、特に女性の移住労働者や不安定な雇用状態にある労働者など、全ての労働者の権利を保護し、安全・安心な労働環境を促進する。

8.9　2030年までに、雇用創出、地方の文化振興・産品販促につながる持続可能な観光業を促進するための政策を立案し実施する。

8.10　国内の金融機関の能力を強化し、全ての人々の銀行取引、保険及び金融サービスへのアクセスを促進・拡大する。

8.a　後発開発途上国への貿易関連技術支援のための拡大統合フレームワーク（EIF）などを通じた支援を含む、開発途上国、特に後発開発途上国に対する貿易のための援助を拡大する。

8.b　2020年までに、若年雇用のための世界的戦略及び国際労働機関（ILO）の仕事に関する世界協定の実施を展開・運用化する。

目標9のターゲット

9.1　全ての人々に安価で公平なアクセスに重点を置いた経済発展と人間の福祉を支援するために、地域・越境インフラを含む質の高い、信頼でき、持続可能かつ強靱（レジリエント）なインフラを開発する。

9.2　包摂的かつ持続可能な産業化を促進し、2030年までに各国の状況に応じて雇用及びGDPに占める産業セクターの割合を大幅に増加させる。後発開発途上国については同割合を倍増させる。

9.3　特に開発途上国における小規模の製造業その他の企業の、安価な資金貸付などの金融サービスやバリューチェーン及び市場への統合へのアクセスを拡大する。

9.4　2030年までに、資源利用効率の向上とクリーン技術及び環境に配慮した技術・産業プロセスの導入拡大を通じたインフラ改良や産業改善により、持続可能性を向上させる。全ての国々は各国の能力に応じた取組を行う。

9.5　2030年までにイノベーションを促進させることや100万人当たりの研究開発従事者数を大幅に増加させ、また官民研究開発の支出を拡大させるなど、開発途上国をはじめとする全ての国々の産業セクターにおける科学研究を促進し、技術能力を向上させる。

9.a　アフリカ諸国、後発開発途上国、内陸開発途上国及び小島嶼開発途上国への金融・テクノロジー・技術の支援強化を通じて、開発途上国における持続可能かつ強靱（レジリエント）なインフラ開発を促進する。

9.b　産業の多様化や商品への付加価値創造などに資する政策環境の確保などを通じて、開発途上国の国内
における技術開発、研究及びイノベーションを支援する。

9.c　後発開発途上国において情報通信技術へのアクセスを大幅に向上させ、2020年までに普遍的かつ安価
なインターネットアクセスを提供できるよう図る。

目標10のターゲット

10.1　2030年までに、各国の所得下位40％の所得成長率について、国内平均を上回る数値を漸進的に達成
し、持続させる。

10.2　2030年までに、年齢、性別、障害、人種、民族、出自、宗教、あるいは経済的地位その他の状況に関
わりなく、全ての人々の能力強化及び社会的、経済的及び政治的な包含を促進する。

10.3　差別的な法律、政策及び慣行の撤廃、並びに適切な関連法規、政策、行動の促進などを通じて、機会
均等を確保し、成果の不平等を是正する。

10.4　税制、賃金、社会保障政策をはじめとする政策を導入し、平等の拡大を漸進的に達成する。

10.5　世界金融市場と金融機関に対する規制とモニタリングを改善し、こうした規制の実施を強化する。

10.6　地球規模の国際経済・金融制度の意思決定における開発途上国の参加や発言力を拡大させることによ
り、より効果的で信用力があり、説明責任のある正当な制度を実現する。

10.7　計画に基づき良く管理された移民政策の実施などを通じて、秩序のとれた、安全で規則的かつ責任あ
る移住や流動性を促進する。

10.a　世界貿易機関（WTO）協定に従い、開発途上国、特に後発開発途上国に対する特別かつ異なる待遇
の原則を実施する。

10.b　各国の国家計画やプログラムに従って、後発開発途上国、アフリカ諸国、小島嶼開発途上国及び内
陸開発途上国を始めとする、ニーズが最も大きい国々への、政府開発援助（ODA）及び海外直接投資を含
む資金の流入を促進する。

10.c　2030年までに、移住労働者による送金コストを３％未満に引き下げ、コストが５％を越える送金経路
を撤廃する。

目標11のターゲット

11.1　2030年までに、全ての人々の、適切、安全かつ安価な住宅及び基本的サービスへのアクセスを確保
し、スラムを改善する。

11.2　2030年までに、脆弱な立場にある人々、女性、子供、障害者及び高齢者のニーズに特に配慮し、公共
交通機関の拡大などを通じた交通の安全性改善により、全ての人々に、安全かつ安価で容易に利用できる、
持続可能な輸送システムへのアクセスを提供する。

11.3　2030年までに、包摂的かつ持続可能な都市化を促進し、全ての国々の参加型、包摂的かつ持続可能な
人間居住計画・管理の能力を強化する。

11.4　世界の文化遺産及び自然遺産の保護・保全の努力を強化する。

11.5　2030年までに、貧困層及び脆弱な立場にある人々の保護に焦点をあてながら、水関連災害などの災害
による死者や被災者数を大幅に削減し、世界の国内総生産比で直接的な経済損失を大幅に減らす。

11.6　2030年までに、大気の質及び一般並びにその他の廃棄物の管理に特別な注意を払うことによるものを
含め、都市の一人当たりの環境上の悪影響を軽減する。

11.7　2030年までに、女性、子供、高齢者及び障害者を含め、人々に安全で包摂的かつ利用が容易な緑地や
公共スペースへの普遍的アクセスを提供する。

11.a　各国・地域規模の開発計画の強化を通じて、経済、社会、環境面における都市部、都市周辺部及び農
村部間の良好なつながりを支援する。

11.b　2020年までに、包含、資源効率、気候変動の緩和と適応、災害に対する強靱さ（レジリエンス）を
目指す総合的政策及び計画を導入・実施した都市及び人間居住地の件数を大幅に増加させ、仙台防災枠組
2015-2030に沿って、あらゆるレベルでの総合的な災害リスク管理の策定と実施を行う。

11.c 財政的及び技術的な支援などを通じて、後発開発途上国における現地の資材を用いた、持続可能かつ強靱（レジリエント）な建造物の整備を支援する。

目標12のターゲット

12.1 開発途上国の開発状況や能力を勘案しつつ、持続可能な消費と生産に関する10年計画枠組み（10YFP）を実施し、先進国主導の下、全ての国々が対策を講じる。

12.2 2030年までに天然資源の持続可能な管理及び効率的な利用を達成する。

12.3 2030年までに小売・消費レベルにおける世界全体の一人当たりの食料の廃棄を半減させ、収穫後損失などの生産・サプライチェーンにおける食品ロスを減少させる。

12.4 2020年までに、合意された国際的な枠組みに従い、製品ライフサイクルを通じ、環境上適正な化学物質や全ての廃棄物の管理を実現し、人の健康や環境への悪影響を最小化するため、化学物質や廃棄物の大気、水、土壌への放出を大幅に削減する。

12.5 2030年までに、廃棄物の発生防止、削減、再生利用及び再利用により、廃棄物の発生を大幅に削減する。

12.6 特に大企業や多国籍企業などの企業に対し、持続可能な取り組みを導入し、持続可能性に関する情報を定期報告に盛り込むよう奨励する。

12.7 国内の政策や優先事項に従って持続可能な公共調達の慣行を促進する。

12.8 2030年までに、人々があらゆる場所において、持続可能な開発及び自然と調和したライフスタイルに関する情報と意識を持つようにする。

12.a 開発途上国に対し、より持続可能な消費・生産形態の促進のための科学的・技術的能力の強化を支援する。

12.b 雇用創出、地方の文化振興・産品販促につながる持続可能な観光業に対して持続可能な開発がもたらす影響を測定する手法を開発・導入する。

12.c 開発途上国の特別なニーズや状況を十分考慮し、貧困層やコミュニティを保護する形で開発に関する悪影響を最小限に留めつつ、税制改正や、有害な補助金が存在する場合はその環境への影響を考慮してその段階的廃止などを通じ、各国の状況に応じて、市場のひずみを除去することで、浪費的な消費を奨励する、化石燃料に対する非効率な補助金を合理化する。

目標13のターゲット

13.1 全ての国々において、気候関連災害や自然災害に対する強靱性（レジリエンス）及び適応の能力を強化する。

13.2 気候変動対策を国別の政策、戦略及び計画に盛り込む。

13.3 気候変動の緩和、適応、影響軽減及び早期警戒に関する教育、啓発、人的能力及び制度機能を改善する。

13.a 重要な緩和行動の実施とその実施における透明性確保に関する開発途上国のニーズに対応するため、2020年までにあらゆる供給源から年間1,000億ドルを共同で動員するという、UNFCCCの先進締約国によるコミットメントを実施するとともに、可能な限り速やかに資本を投入して緑の気候基金を本格始動させる。

13.b 後発開発途上国及び小島嶼開発途上国において、女性や青年、地方及び社会的に疎外されたコミュニティに焦点を当てることを含め、気候変動関連の効果的な計画策定と管理のための能力を向上するメカニズムを推進する。

※国連気候変動枠組条約（UNFCCC）が、気候変動への世界的対応について交渉を行う一義的な国際的、政府間対話の場であると認識している。

目標14のターゲット

14.1 2025年までに、海洋ごみや富栄養化を含む、特に陸上活動による汚染など、あらゆる種類の海洋汚染を防止し、大幅に削減する。

14.2　2020年までに、海洋及び沿岸の生態系に関する重大な悪影響を回避するため、強靱性（レジリエンス）の強化などによる持続的な管理と保護を行い、健全で生産的な海洋を実現するため、海洋及び沿岸の生態系の回復のための取組を行う。

14.3　あらゆるレベルでの科学的協力の促進などを通じて、海洋酸性化の影響を最小限化し、対処する。

14.4　水産資源を、実現可能な最短期間で少なくとも各資源の生物学的特性によって定められる最大持続生産量のレベルまで回復させるため、2020年までに、漁獲を効果的に規制し、過剰漁業や違法・無報告・無規制（IUU）漁業及び破壊的な漁業慣行を終了し、科学的な管理計画を実施する。

14.5　2020年までに、国内法及び国際法に則り、最大限入手可能な科学情報に基づいて、少なくとも沿岸域及び海域の10パーセントを保全する。

14.6　開発途上国及び後発開発途上国に対する適切かつ効果的な、特別かつ異なる待遇が、世界貿易機関（WTO）漁業補助金交渉の不可分の要素であるべきことを認識した上で、2020年までに、過剰漁獲能力や過剰漁獲につながる漁業補助金を禁止し、違法・無報告・無規制（IUU）漁業につながる補助金を撤廃し、同様の新たな補助金の導入を抑制する。

14.7　2030年までに、漁業、水産養殖及び観光の持続可能な管理などを通じ、小島嶼開発途上国及び後発開発途上国の海洋資源の持続的な利用による経済的便益を増大させる。

14.a　海洋の健全性の改善と、開発途上国、特に小島嶼開発途上国および後発開発途上国の開発における海洋生物多様性の寄与向上のために、海洋技術の移転に関するユネスコ政府間海洋学委員会の基準・ガイドラインを勘案しつつ、科学的知識の増進、研究能力の向上、及び海洋技術の移転を行う。

14.b　小規模・沿岸零細漁業者に対し、海洋資源及び市場へのアクセスを提供する。

14.c　「我々の求める未来」のパラ158において想起されるとおり、海洋及び海洋資源の保全及び持続可能な利用のための法的枠組みを規定する海洋法に関する国際連合条約（UNCLOS）に反映されている国際法を実施することにより、海洋及び海洋資源の保全及び持続可能な利用を強化する。

目標15のターゲット

15.1　2020年までに、国際協定の下での義務に則って、森林、湿地、山地及び乾燥地をはじめとする陸域生態系と内陸淡水生態系及びそれらのサービスの保全、回復及び持続可能な利用を確保する。

15.2　2020年までに、あらゆる種類の森林の持続可能な経営の実施を促進し、森林減少を阻止し、劣化した森林を回復し、世界全体で新規植林及び再植林を大幅に増加させる。

15.3　2030年までに、砂漠化に対処し、砂漠化、干ばつ及び洪水の影響を受けた土地などの劣化した土地と土壌を回復し、土地劣化に荷担しない世界の達成に尽力する。

15.4　2030年までに持続可能な開発に不可欠な便益をもたらす山地生態系の能力を強化するため、生物多様性を含む山地生態系の保全を確実に行う。

15.5　自然生息地の劣化を抑制し、生物多様性の損失を阻止し、2020年までに絶滅危惧種を保護し、また絶滅防止するための緊急かつ意味のある対策を講じる。

15.6　国際合意に基づき、遺伝資源の利用から生ずる利益の公正かつ衡平な配分を推進するとともに、遺伝資源への適切なアクセスを推進する。

15.7　保護の対象となっている動植物種の密猟及び違法取引を撲滅するための緊急対策を講じるとともに、違法な野生生物製品の需要と供給の両面に対処する。

15.8　2020年までに、外来種の侵入を防止するとともに、これらの種による陸域・海洋生態系への影響を大幅に減少させるための対策を導入し、さらに優先種の駆除または根絶を行う。

15.9　2020年までに、生態系と生物多様性の価値を、国や地方の計画策定、開発プロセス及び貧困削減のための戦略及び会計に組み込む。

15.a　生物多様性と生態系の保全と持続的な利用のために、あらゆる資金源からの資金の動員及び大幅な増額を行う。

15.b　保全や再植林を含む持続可能な森林経営を推進するため、あらゆるレベルのあらゆる供給源から、持続可能な森林経営のための資金の調達と開発途上国への十分なインセンティブ付与のための相当量の資源

を動員する。

15.c　持続的な生計機会を追求するために地域コミュニティの能力向上を図る等、保護種の密猟及び違法な取引に対処するための努力に対する世界的な支援を強化する。

目標16のターゲット

16.1　あらゆる場所において、全ての形態の暴力及び暴力に関連する死亡率を大幅に減少させる。

16.2　子供に対する虐待、搾取、取引及びあらゆる形態の暴力及び拷問を撲滅する。

16.3　国家及び国際的なレベルでの法の支配を促進し、全ての人々に司法への平等なアクセスを提供する。

16.4　2030年までに、違法な資金及び武器の取引を大幅に減少させ、奪われた財産の回復及び返還を強化し、あらゆる形態の組織犯罪を根絶する。

16.5　あらゆる形態の汚職や贈賄を大幅に減少させる。

16.6　あらゆるレベルにおいて、有効で説明責任のある透明性の高い公共機関を発展させる。

16.7　あらゆるレベルにおいて、対応的、包摂的、参加型及び代表的な意思決定を確保する。

16.8　グローバル・ガバナンス機関への開発途上国の参加を拡大・強化する。

16.9　2030年までに、全ての人々に出生登録を含む法的な身分証明を提供する。

16.10　国内法規及び国際協定に従い、情報への公共アクセスを確保し、基本的自由を保障する。

16.a　特に開発途上国において、暴力の防止とテロリズム・犯罪の撲滅に関するあらゆるレベルでの能力構築のため、国際協力などを通じて関連国家機関を強化する。

16.b　持続可能な開発のための非差別的な法規及び政策を推進し、実施する。

目標17のターゲット

資金

17.1　課税及び徴税能力の向上のため、開発途上国への国際的な支援なども通じて、国内資源の動員を強化する。

17.2　先進国は、開発途上国に対するODAをGNI比0.7%に、後発開発途上国に対するODAをGNI比0.15〜0.20%にするという目標を達成するとの多くの国によるコミットメントを含むODAに係るコミットメントを完全に実施する。ODA供与国が、少なくともGNI比0.20%のODAを後発開発途上国に供与するという目標の設定を検討することを奨励する。

17.3　複数の財源から、開発途上国のための追加的資金源を動員する。

17.4　必要に応じた負債による資金調達、債務救済及び債務再編の促進を目的とした協調的な政策により、開発途上国の長期的な債務の持続可能性の実現を支援し、重債務貧困国（HIPC）の対外債務への対応により債務リスクを軽減する。

17.5　後発開発途上国のための投資促進枠組みを導入及び実施する。

技術

17.6　科学技術イノベーション（STI）及びこれらへのアクセスに関する南北協力、南南協力及び地域的・国際的な三角協力を向上させる。また、国連レベルをはじめとする既存のメカニズム間の調整改善や、全世界的な技術促進メカニズムなどを通じて、相互に合意した条件において知識共有を進める。

17.7　開発途上国に対し、譲許的・特恵的条件などの相互に合意した有利な条件の下で、環境に配慮した技術の開発、移転、普及及び拡散を促進する。

17.8　2017年までに、後発開発途上国のための技術バンク及び科学技術イノベーション能力構築メカニズムを完全運用させ、情報通信技術（ICT）をはじめとする実現技術の利用を強化する。

キャパシティ・ビルディング

17.9　全ての持続可能な開発目標を実施するための国家計画を支援するべく、南北協力、南南協力及び三角協力などを通じて、開発途上国における効果的かつ的をしぼった能力構築の実施に対する国際的な支援を強化する。

貿易

17.10　ドーハ・ラウンド（DDA）交渉の受諾を含む WTO の下での普遍的でルールに基づいた、差別的でない、公平な多角的貿易体制を促進する。

17.11　開発途上国による輸出を大幅に増加させ、特に2020年までに世界の輸出に占める後発開発途上国のシェアを倍増させる。

17.12　後発開発途上国からの輸入に対する特恵的な原産地規則が透明で簡略的かつ市場アクセスの円滑化に寄与するものとなるようにすることを含む世界貿易機関（WTO）の決定に矛盾しない形で、全ての後発開発途上国に対し、永続的な無税・無枠の市場アクセスを適時実施する。

体制面

政策・制度的整合性

17.13　政策協調や政策の首尾一貫性などを通じて、世界的なマクロ経済の安定を促進する。

17.14　持続可能な開発のための政策の一貫性を強化する。

17.15　貧困撲滅と持続可能な開発のための政策の確立・実施にあたっては、各国の政策空間及びリーダーシップを尊重する。

マルチステークホルダー・パートナーシップ

17.16　全ての国々、特に開発途上国での持続可能な開発目標の達成を支援すべく、知識、専門的知見、技術及び資金源を動員、共有するマルチステークホルダー・パートナーシップによって補完しつつ、持続可能な開発のためのグローバル・パートナーシップを強化する。

17.17　さまざまなパートナーシップの経験や資源戦略を基にした、効果的な公的、官民、市民社会のパートナーシップを奨励・推進する。

データ、モニタリング、説明責任

17.18　2020年までに、後発開発途上国及び小島嶼開発途上国を含む開発途上国に対する能力構築支援を強化し、所得、性別、年齢、人種、民族、居住資格、障害、地理的位置及びその他各国事情に関連する特性別の質が高く、タイムリーかつ信頼性のある非集計型データの入手可能性を向上させる。

17.19　2030年までに、持続可能な開発の進捗状況を測る GDP 以外の尺度を開発する既存の取組を更に前進させ、開発途上国における統計に関する能力構築を支援する。

索　引

執筆者紹介

前林 清和　（まえばやし・きよかず）

神戸学院大学現代社会学部　教授／博士（文学）

【著書】

『開発教育実践学―開発途上国の理解のために―』（単著）昭和堂、2010年

『社会防災の基礎を学ぶ―自助・共助・公助―』（単著）昭和堂、2016年　他

〔執筆担当個所〕

第1部　1．社会貢献の思想、2．ボランティアについて、6．17のゴールを目指すための哲学

第2部　6．安全な水とトイレを世界中に、7．エネルギーをみんなにクリーンに、16．平和と公正をすべての人に

第3部　9．命をつなぐ国際医療支援活動

中村 浩也　（なかむら・ひろや）

桃山学院教育大学人間教育学部　教授／博士（教育学）

【著書】

『やさしいスポーツ医科学の基礎知識』嵯峨野書院、2016年

「教育フォーラム63　人間性の涵養―学習指導要領の究極的な目標は―」金子書房、2019年

〔執筆担当個所〕

第1部　3．SDGとは、4．歴史的な背景、5．日本におけるSDGs

第2部　17．パートナーシップで目標を達成しよう

第3部　5．スポーツが世界をつなぐ

木村 佐枝子　（きむら・さえこ）

常葉大学健康プロデュース学部　准教授／博士（人間文化学）

【著書・論文】

『大学と社会貢献―学生ボランティア活動の教育的意義』創元社、2014年

木村佐枝子・前林清和「SDGsを活用した防災教育教材の研究と開発―A中学校防災講座を事例として―」防災教育学研究創刊号、防災教育学会、2020年

〔執筆担当個所〕

第2部　10．人や国の不平等をなくそう、12．つくる責任つかう責任

第3部　10．今日からはじめるSDGs

舩木 伸江　（ふなき・のぶえ）

神戸学院大学現代社会学部　教授

【著書・論文】

『夢みる防災教育』（共著）晃洋書房、2007年

「もうひとつの被災―大災害の当日生まれの青年の苦しみと回復過程」（共著）質的心理学研究第20号、2021年

〔執筆担当個所〕

第3部　2．防災教育の普及

江田 英里香 （えだ・えりか）
　　神戸学院大学現代社会学部　准教授／博士（学術）
　　【著書】
　　『カンボジアの学校運営における住民参加』ミネルヴァ書房、2018年
　　『ボランティア解体新書―戸惑いの社会から新しい公共への道―』（共著）木立の文庫、2018年
　　〔執筆担当個所〕
　　第2部　5．ジェンダー平等を実現しよう、8．働きがいも経済成長も、9．産業と技術革新
　　　　　　の基盤をつくろう
　　第3部　3．開発途上国の教育開発

田中 綾子 （たなか・あやこ）
　　関西国際大学経営学部　講師
　　【著書・論文】
　　『災害ボランティアの実践と心理』デザインエッグ、2019年
　　「南海トラフ巨大地震に対しての学校防災に関する調査研究―中学校・高等学校
　　を対象に―」社会貢献学研究3-1、2020年
　　〔執筆担当個所〕
　　第2部　11．住み続けられるまちづくりを
　　第3部　1．災害に強いまちづくり

柴田 真裕 （しばた・まさひろ）
　　桃山学院教育大学人間教育学部　講師
　　【著書】
　　『社会貢献を考える―哲学的考察と実践研究―』（共著）デザインエッグ、2017年
　　『教養としての防災ことはじめ』（共著）デザインエッグ、2020年
　　〔執筆担当個所〕
　　第2部　1．貧困をなくそう、2．飢餓をゼロに、3．すべての人に健康と福祉を、4．質の
　　　　　　高い教育をみんなに
　　第3部　4．これからの企業の姿、8．学校教育のなかで

前林 明日香 （まえばやし・あすか）
　　兵庫県立大学大学院　減災復興政策研究科博士後期課程
　　【論文】
　　「自然の中で生きる」NERC Journal Vol.19 No.1、2020年
　　〔執筆担当個所〕
　　第2部　13．気候変動に具体的な対策を、14．海の豊かさを守ろう、15．陸の豊かさも守ろう
　　第3部　6．自然と共に生きる、7．世界の難民を救おう

SDGs 時代の社会貢献活動──一人ひとりができることとは

2021 年 4 月 20 日　初版第 1 刷発行

編著者　前 林 清 和・中 村 浩 也
発行者　杉 田 啓 三

〒 607-8494　京都市山科区日ノ岡堤谷町 3-1
発行所　株式会社 昭和堂
振替口座　01060-5-9347
Ｔ Ｅ Ｌ　（075）502-7500/ Ｆ Ａ Ｘ　（075）502-7501
ホームページ　http://www.showado-kyoto.jp

印刷　亜細亜印刷